쉽게 배우고
생활에 바로 쓰는

SEASON 4

능력
향상

인터넷 기초

㈜지아이에듀테크 저

iCox
Education by Sympathy

쉽게 배우고 생활에 바로 쓰는

인터넷 기초

초판 1쇄 발행   2022년 5월 10일
초판 2쇄 발행   2023년 5월 22일

지은이   ㈜지아이에듀테크
펴낸이   한준희
펴낸곳   ㈜아이콕스

기획/편집   아이콕스 기획팀
디자인   김보라, 이지선
영업   김남권, 조용훈, 문성빈
영업지원   김효선, 이정민

주소   경기도 부천시 조마루로385번길 122 삼보테크노타워 2002호
홈페이지   www.icoxpublish.com
쇼핑몰   www.baek2.kr (백두도서쇼핑몰)
이메일   icoxpub@naver.com
전화   032-674-5685
팩스   032-676-5685
등록   2015년 7월 9일 제 386-251002015000034호
ISBN   979-11-6426-209-0 (13000)

30년째 컴퓨터를 교육면서도 늘 고민합니다. "더 간단하고 쉽게 교육할 수는 없을까? 더 빠르게 마음대로 사용하게 할 수는 없을까?" 스마트폰에 대한 지식이 없는 4살 먹은 어린아이가 스마트폰을 가지고 놀면서 스스로 사용법을 익히는 것을 보고 어른들은 감탄합니다.

그렇습니다. 컴퓨터는 학문적으로 접근하면 배우기 힘들기 때문에 아이들처럼 직접 사용해 보면서 경험적으로 습득하는 것이 가장 빠른 배움의 방식입니다. 본 도서는 저의 다년간 현장 교육의 경험을 살려 책만 보고 무작정 따라하다 발생할 수 있는 실수와 오류를 바로잡았습니다. 컴퓨터를 활용하는 데 꼭필요한 핵심 내용을 중심으로 집필했기 때문에 예제를 반복해서 학습하다 보면 어느새 원리를 이해하고, 활용할 수 있는 단계에 오르게 될 것입니다.

쉽게 배우고 생활에 바로 쓸 수 있게 집필된 본 도서로 여러분들의 능력이 향상되기를 바랍니다. 물론 본 도서는 여러분의 컴퓨터 능력을 향상시킬 수 있는 수많은 방법 중 한 가지라는 말씀도 드리고 싶습니다.

교육 현장에서 늘 하는 말이 있습니다.
"컴퓨터는 종이다. 종이는 기록하기 위함이다."
"단순하게, 무식하게, 지겹도록, 단.무.지.반! 하십시오."
처음부터 완벽하지는 않겠지만 차근차근 익히다 보면 어느새 만족할 만한 수준의 사용자로 우뚝 서게 될 것입니다.

끝으로 이 책이 나올 수 있도록 도움을 주신 지아이에듀테크, ㈜아이콕스의 임직원 여러분들께 감사의 마음을 전합니다.

㈜지아이에듀테크

★ 각 CHAPTER 마다 동영상으로 더 쉽게 학습할 수 있도록 QR 코드를 담았습니다.
  QR 코드로 학습 동영상을 시청하는 방법은 다음과 같습니다.

01 Play스토어에서 네이버 앱을 ❶설치한 후 ❷열기를 누릅니다.

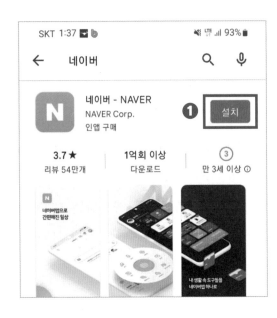 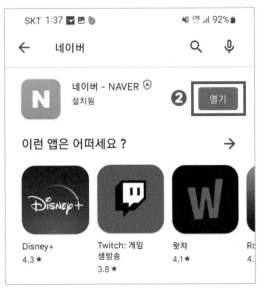

02 네이버 앱이 실행되면 하단의 ❸동그라미 버튼을 누른 후 ❹렌즈 메뉴
  를 선택합니다.

03 본 도서에서는 Chapter별로 상단 제목 오른쪽에 ❺QR 코드가 있습니다. 스마트폰의 화면에 QR 코드를 사각형 영역에 맞춰 보이도록 하면 QR 코드가 인식되고, 상단에 동영상 강의 링크 주소가 나타납니다. ❻동영상 강의 링크 주소를 눌러 스마트폰으로 학습할 수 있습니다.

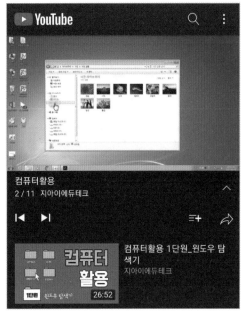

유튜브에서 동영상 강의 찾기

유튜브(www.youtube.com)에 접속하거나, 유튜브 앱을 사용하고 있다면 **지아이에듀테크**를 검색하여 동영상 강의를 들을 수 있습니다. **재생목록** 탭을 누르면 과목별로 강의를 찾아볼 수 있습니다.

목 차

목 차

Chapter 01

인터넷은
엣지 브라우저로

옛날 호랑이 담배피던 시절에는 서신을 주고받는 것으로 소식을 주고받을 수 있었던 것이 전화가 나와서 아무 때나 소식을 주고받을 수 있게 되었습니다. 전화 회선을 이용한 PC 통신 시절을 지나 초고속 인터넷이 유선, 무선으로 연결되는 초연결 시대에 살고 있는 우리는 스마트시대에 살고 있습니다. 정보의 바다를 넘어 홍수 속에서 '브라우저'라는 배를 타고 여행해 보도록 하겠습니다.

🔍 무엇을 배울까?

01. 엣지 브라우저 화면구성
02. 탭 사용하여 검색하기

01 바탕화면에서 **엣지 브라우저**를 더블클릭하여 실행합니다.

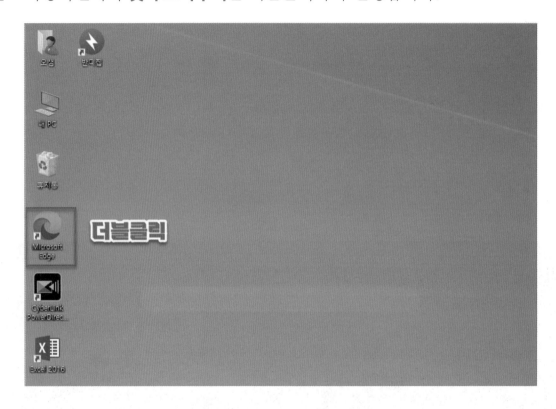

※ 만약 바탕화면에 엣지 브라우저가 없다면 화면 아래의 작업표시줄에서 검색을 클릭해서 ❶edge를 입력한 후 ❷Microsoft Edge를 클릭합니다.

02 엣지 브라우저의 첫 화면이 표시되는데, 배경 그림은 계속 변경이 됩니다. 브라우저 구성 요소의 이름은 **❶주소표시줄**이라고 하며, **❷홈(시작)** 버튼, **❸ 새로고침** 버튼, **❹뒤로, 앞으로** 버튼이라고 합니다.

03 주소표시줄의 칸에 마우스 왼쪽 버튼을 클릭한 다음, **"naver.com"**을 입력한 후 Enter 를 눌러서 네이버 사이트로 이동해 봅니다. (가급적 소문자로 입력)

04 네이버 사이트가 열리면 이제부터 네이버로 검색을 시작할 수 있습니다. 여기서는 다시 **뒤로** 버튼을 눌러서 이전 화면으로 되돌아갑니다.

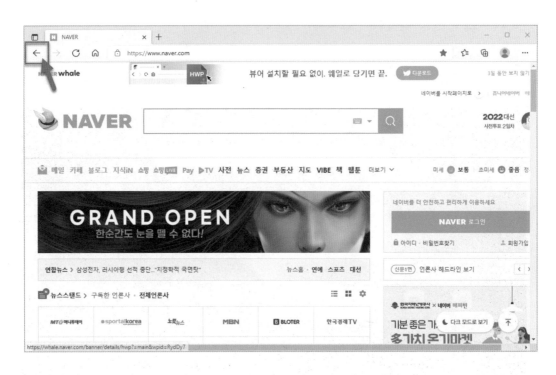

05 엣지 브라우저의 시작 페이지가 보이게 되는데, 다시 **앞으로** 버튼을 클릭하면 방금 보았던 네이버가 보이게 됩니다. 같은 방식으로 이전에 보았던 화면으로 이동하거나, 다시 다음페이지를 볼 때 뒤로, 앞으로 버튼을 사용하세요.

06 **새로고침** 버튼을 클릭하면 아무런 변화가 없어 보이지만, 지금 보는 화면은 몇 분전의 내용이어서 최신 사항이 아닐 수 있으므로, 새로고침을 눌러 새로운 내용을 표시할 수 있습니다. (키보드 F5)

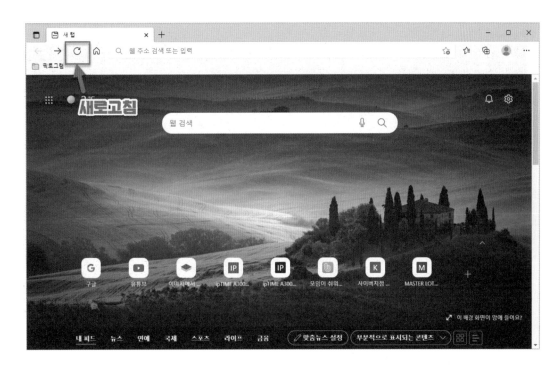

07 **홈 버튼**을 누르면 아래와 같은 화면이 나오는데, 홈 페이지의 설정에 따라 다를 수 있습니다. 만약 변경을 하지 않거나, 처음 실행했다면 엣지 첫 화면이 나오게 됩니다. 엣지 브라우저를 닫아줍니다.

08 엣지 브라우저를 다시 실행한 후, 페이지 오른쪽 상단에 있는 **설정 버튼**을 클릭합니다.

09 페이지 레이아웃 상자가 나오면 심플, 이미지형, 콘텐츠형, 사용자지정을 할 수 있는데 현재는 이미지형이 파란색으로 되어있다는 것을 표시하고 있습니다. 아주 간단하게 보여주는 **심플**을 선택해 주세요.

10 페이지 레이아웃이 심플하게 보이는데 배경 그림이 보이지 않아서 깔끔해 보입니다. 이번에는 **콘텐츠형**을 클릭해서 보도록 합니다.

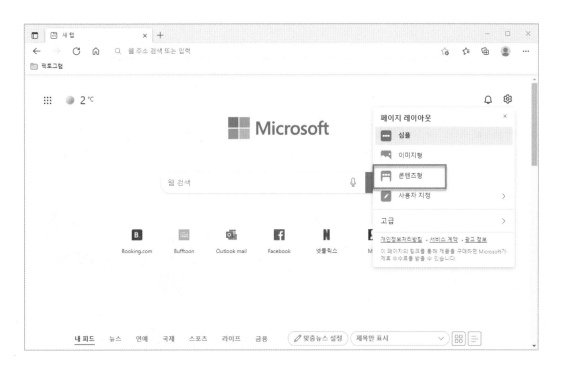

11 상단에는 이미지와 검색창이 보이게 되고, 아래에는 콘텐츠(볼거리)들이 나오게 됩니다. 내 피드, 뉴스, 연예, 국제, 스포츠, 라이프, 금융 등 따로 설정하지 않더라도 콘텐츠가 자동으로 나오게 되는데 이러한 내용도 변경할 수 있습니다. **X(닫기)**를 눌러서 화면설정을 빠져 나갑니다.

01 엣지 브라우저의 페이지 설정을 **심플**로 지정합니다. 상단에 위치한 **새 탭 버튼**을 클릭하면 새로운 탭이 열리게 됩니다.

02 주소표시줄에 클릭하여 "daum.net"을 입력한 후 Enter 를 눌러서 다음 사이트로 이동합니다. (참고로, 회사명은 카카오입니다)

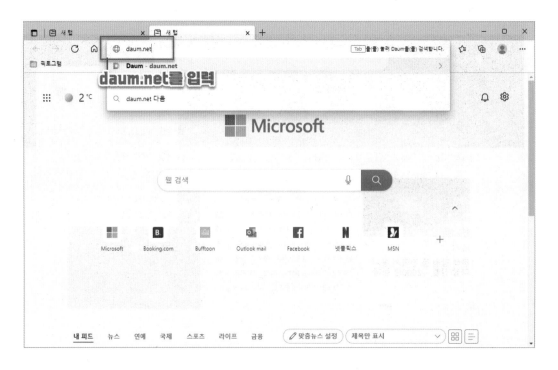

03 엣지 사이트와 다음 사이트 2개를 동시에 열어서 보고 있는 것으로, 상단의 탭이 2개 있어서 원하는 곳에서 검색을 할 수 있게 됩니다. 첫 번재 탭과 두 번째 탭을 클릭해서 이동해 보세요.

04 새 탭을 클릭해서 주소표시줄에 "naver.com"을 입력해서 아래와 같이 3개의 탭으로 구성해 줍니다. 이제 3개 탭에서 원하는 사이트에서 검색을 할 수 있게 되었습니다.

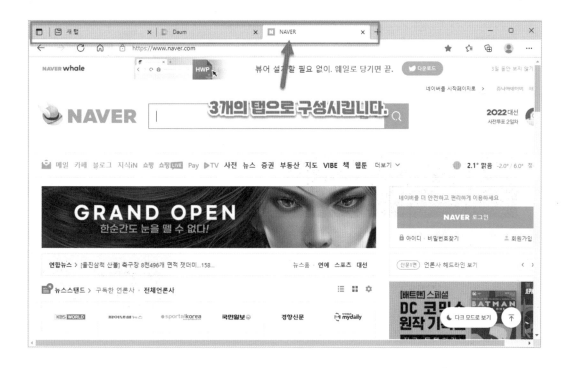

05 마지막에 있는 **NAVER 탭**을 가장 앞으로 드래그해서 탭 위치를 변경해 줍니다. 이렇게 탭의 순서는 드래그로 이동하면 순서를 변경할 수 있습니다.

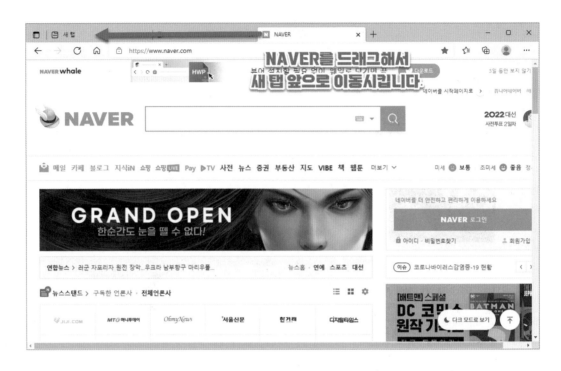

06 상단의 탭에서 **Daum 탭**에 마우스 오른쪽을 클릭해서 **다른 탭 닫기**를 선택해 줍니다. 이렇게 하면 Daum 탭만 남아있고, 나머지 열려있는 탭들은 모두 닫히게 됩니다.

07 상단에 남아있는 **❶Daum 탭에 마우스 오른쪽을 클릭**한 후 **❷닫힌 탭 다시 열기**를 선택하면 방금 닫았던 탭들이 차례대로 하나씩 **복원**됩니다.

08 열려있는 탭에 마우스 오른쪽을 클릭해서 **세로 탭 켜기**를 누르면 상단에 보이는 탭이 화면 왼쪽으로 보여지게 됩니다. 모니터 화면이 넓기 때문에 이렇게 사용하면 편리할 때가 있으므로, 가로 탭과 세로 탭을 적절하게 사용하세요.

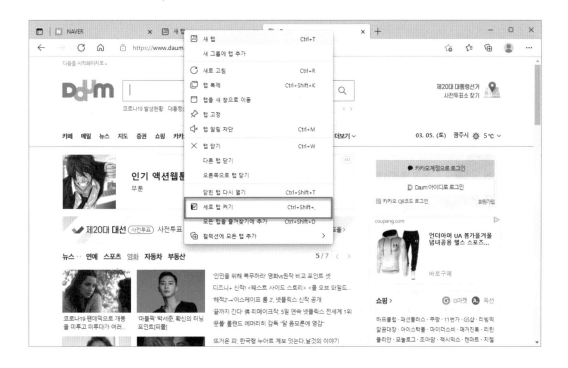

09 세로 탭으로 보이도록 설정했으면 다시 가로 탭으로 보이도록 마우스 오른쪽을 클릭해서 **세로 탭 끄기**를 선택합니다. 이렇게 어떠한 기능을 사용하고 싶을 때는 해당하는 곳에 마우스 오른쪽을 클릭하면 나타나는 정황메뉴(context menu)에서 해결할 수 있습니다.

10 Daum 탭에 마우스 오른쪽을 클릭한 후 나오는 정황메뉴에서 **탭을 새 창으로 이동**을 클릭하면 현재 창에서 탭을 새 창으로 만들어 줍니다.

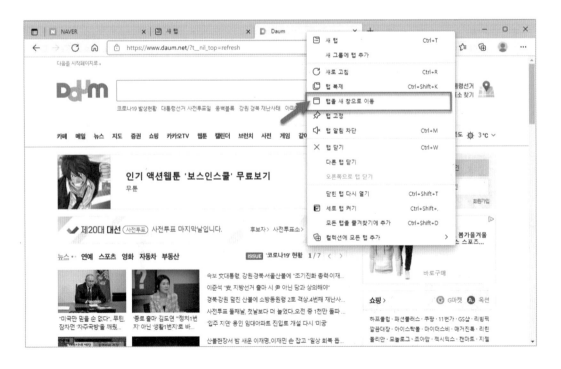

11 아래처럼 새로운 창으로 열리게 되는데, 다시 결합을 하려면 열려진 창의 탭에 마우스 오른쪽을 클릭한 후 **다음 위치로 탭 이동**에서 **새 탭 및 기타 탭 1개**를 선택합니다. (이 메뉴 내용은 탭의 개수에 따라서 다르게 표현됩니다)

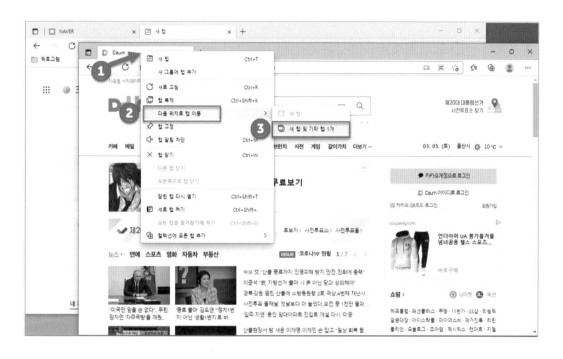

12 아래와 같이 다시 창으로 분리되었던 탭이 원래대로 복구되어 구성됩니다. 이렇게 탭과 창을 자유롭게 분리, 결합을 시킬 수 있도록 연습해 보세요.

혼자 해 보기

① 엣지 브라우저의 화면 설정을 **이미지형**으로 설정해 보세요.

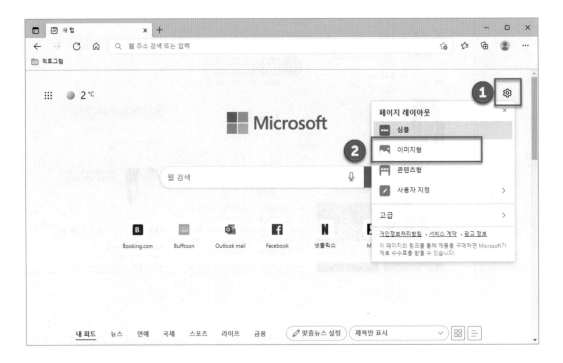

② Google, NAVER, Daum 순서대로 탭을 구성해 보세요.

배경과
시작 페이지 설정하기

엣지 브라우저를 실행하면 처음 보이는 페이지를 홈페이지라고 하며, 홈은 시작이라고 해석합니다. 홈페이지 또는 시작 페이지라고 불러야 하며, 우리 회사 홈페이지 제작했다는 말은 틀린 말이고 우리 회사 웹 사이트 제작했다가 맞는 표현입니다. 엣지 브라우저를 실행해서 보이는 첫 화면을 어떻게 설정하느냐에 따라 더욱 편리하게 사용할 수 있게 됩니다. 첫 화면을 설정하는 과정을 알아보도록 하겠습니다.

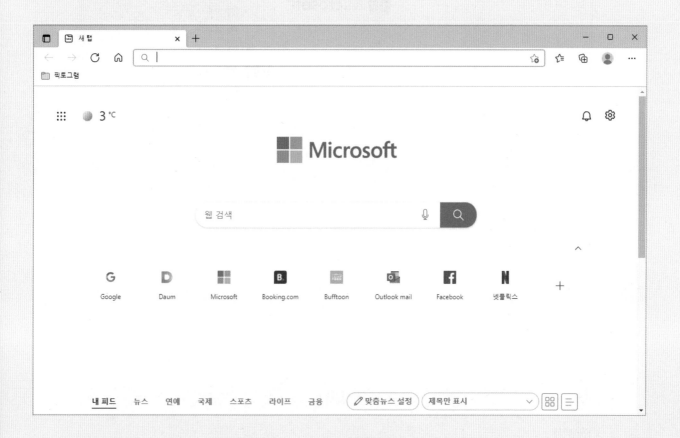

무엇을 배울까?

01. 엣지 브라우저의 배경 이미지 변경하기

02. 빠른 연결 사용과 검색 목록 지우기

03. 시작 페이지 변경하기

04 홈 버튼 설정하기

* 준비물 :

　　PC에 저장되어 있는 사진 이미지

01 엣지 브라우저를 실행한 후 페이지 오른쪽 상단의 ❶**설정**을 클릭한 후 ❷**사용자 지정**을 선택합니다.

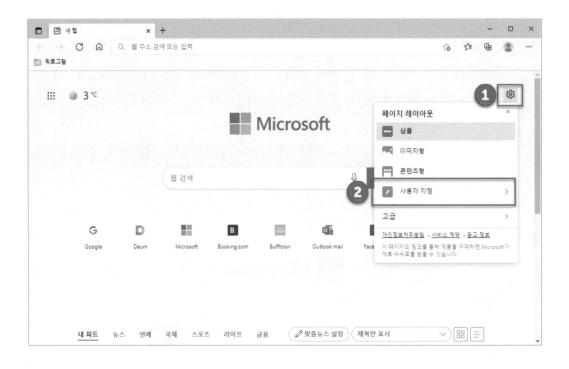

02 사용자 지정 대화상자에서 ❶**사용자 지정 이미지**를 클릭하면 바로 아래에 **업로드** 버튼이 나옵니다. ❷**업로드** 버튼을 클릭하면 내 PC에 저장된 사진을 이용해서 새 탭의 배경을 꾸밀 수 있습니다.

03 내 PC에 저장되어 있는 사진을 선택하면 되는데, 사용자가 가지고 있는 사진을 선택해 보겠습니다. 사진이 있는 폴더로 이동한 후 **❶사진을 선택**해서 **❷ 열기**를 해보도록 합니다.

04 아래와 같이 내 PC에 저장되어 있는 사진을 새 탭의 배경 이미지로 변경했습니다.

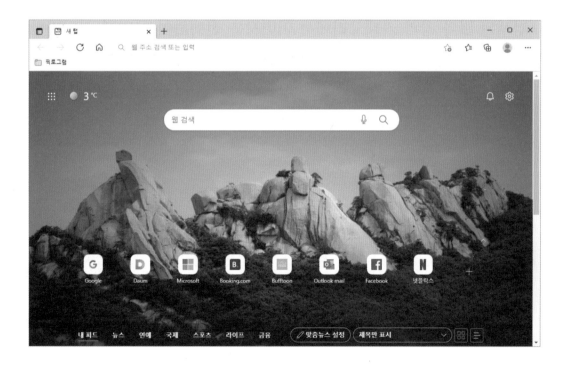

01 엣지 브라우저를 실행한 후 검색 상자에 **"설악산"**을 입력한 후 Enter 를 눌러서 검색을 합니다.

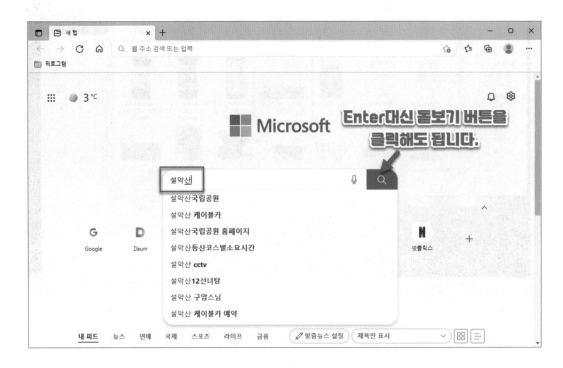

02 검색된 결과 창의 카테고리에서 **이미지**를 선택하여 화면에 이미지만 보이도록 합니다.

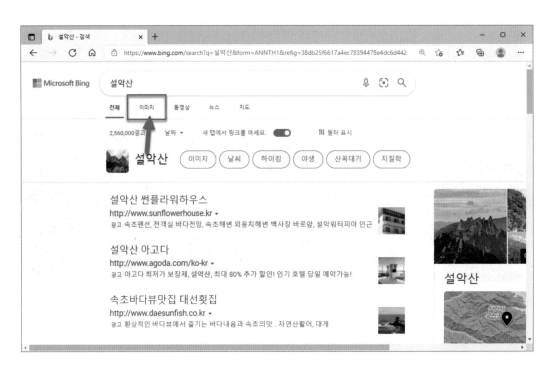

03 검색된 결과에서 배경으로 사용할 이미지를 클릭하면 됩니다. 아래의 그림 순서는 시간에 따라 변경되므로 동일한 화면이 아닐 수 있으므로 적당한 이미지를 클릭합니다.

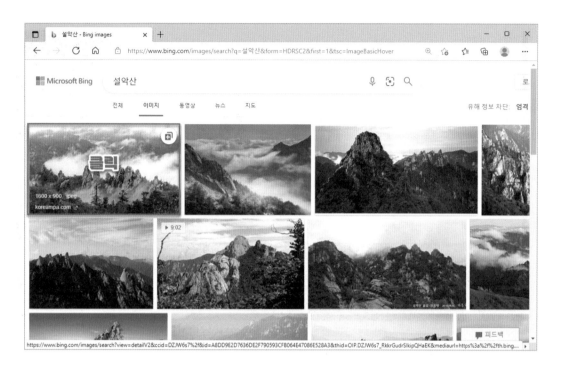

04 이미지가 크게 보이면 **마우스 오른쪽 단추를 클릭**해서 **다른 이름으로 사진 저장**을 클릭합니다. 이때 마우스 오른쪽 단추가 눌러지지 않는 이미지라면 다른 이미지를 선택해야 합니다. 이미지에 저작권이 걸려있는 이미지는 사용할 수 없도록 막아놓기도 합니다.

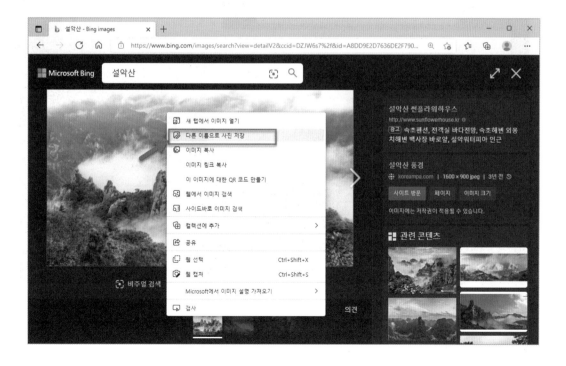

05 다른 이름으로 저장이라는 창이 열리면 왼쪽에서 ❶사진 라이브러리를 클릭한 후 파일이름은 ❷설악산을 입력한 후 ❸저장 버튼을 클릭합니다.

06 다른 이름으로 사진 저장을 다른 말로는 다운로드라고 하는데, 다운로드가 되면 브라우저 오른쪽 상단에 다운로드 버튼에 결과창이 나오게 됩니다. 이 버튼을 클릭하면 다운로드 결과창이 닫아집니다.

07 엣지 브라우저를 닫은 후 다시 실행해서 첫 화면이 나오도록 합니다. **설정** 버튼을 클릭한 후 **사용자 지정**을 선택해서 배경 이미지를 변경할 수 있도록 합니다.

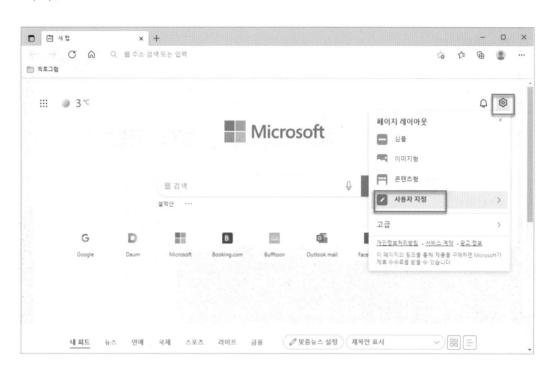

08 배경 그룹에서 **사용자 지정 이미**지 선택 버튼을 클릭한 후 나오는 **업로드** 버튼을 클릭합니다. (동그라미 버튼을 선택 버튼이라고 함)

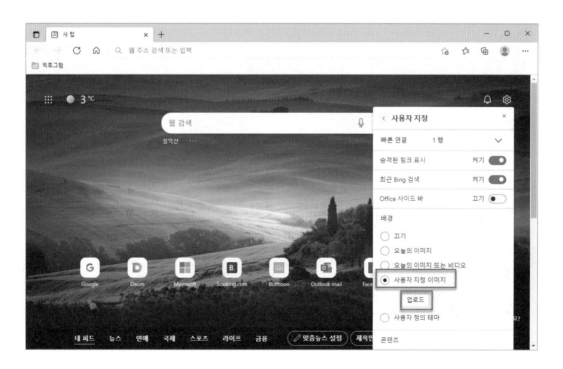

09 배경으로 사용할 이미지가 저장된 **❶사진** 라이브러리를 클릭한 후 저장된 **❷ 설악산** 이미지를 선택한 후 **❸열기** 버튼을 클릭합니다.

10 배경이 설악산 이미지로 변경됩니다. 배경을 제거하고 원래대로 되돌리려면 위와 동일하게 진행하면서 아래의 **제거**를 누르면 됩니다.

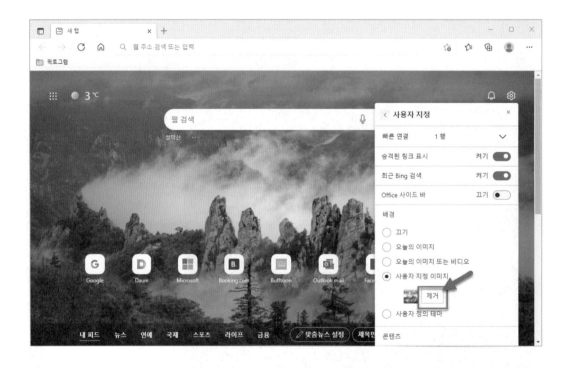

01 엣지 브라우저의 첫 화면에서 빠르게 연결할 수 있도록 오른쪽 끝에 있는 **+(사이트 추가)** 버튼을 클릭합니다.

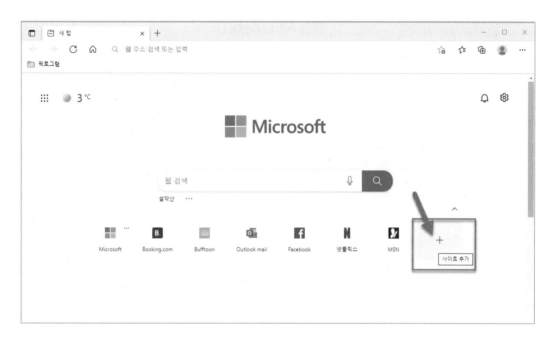

02 아래와 같이 사이트를 추가하는 대화상자가 열리면 첫 번째 칸에 사이트 이름을 ❶네이버로 입력하고 URL칸에 ❷https://naver.com을 입력한 후 ❸ **추가** 버튼을 클릭합니다.

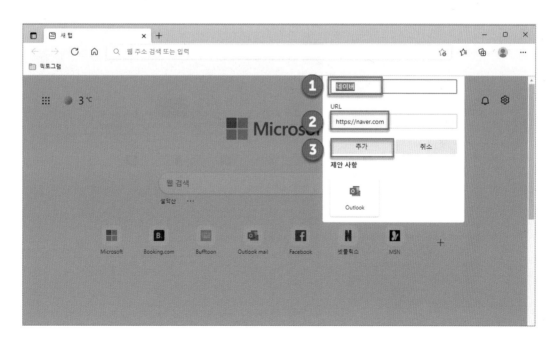

03 아래처럼 추가된 네이버 아이콘을 드래그해서 첫 번째 위치로 이동시켜줍니다.

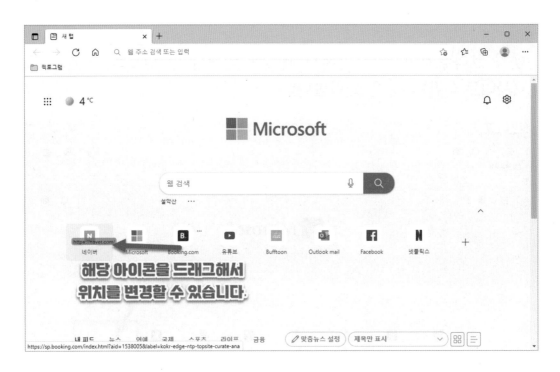

04 네이버 아이콘에 마우스를 올려놓으면 아이콘 옆에 점이 3개가 나오는데 **기타옵션**이라고 부르면 됩니다. 기타옵션을 클릭해서 **제거**를 클릭하여 빠른 연결에서 삭제를 합니다. 이렇게 불필요한 빠른 연결은 제거해 주도록 합니다.

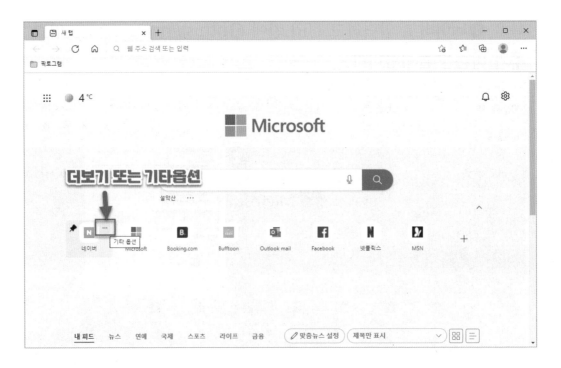

02-4 ··· 검색 목록 지우기

01 웹 검색 상자 아래에 보면 검색했던 내용들이 보여서 지우고 싶을 때가 있습니다. 검색 내용옆에 **검색옵션(더보기)**를 클릭한 후 **최근 Bing 검색 숨기기**를 클릭합니다.

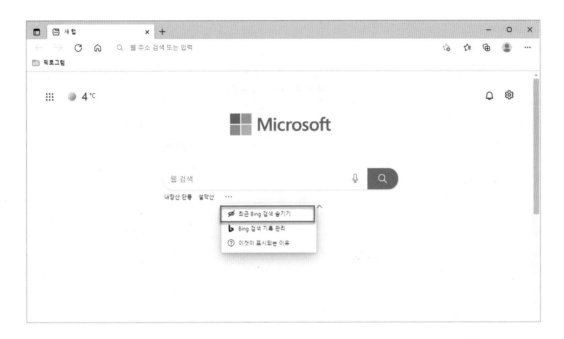

02 아래와 같이 검색했던 내용이 보이지 않게 됩니다. 하지만 검색상자에 입력하면 다시 보이게 되므로 동일한 방식으로 제거하세요.

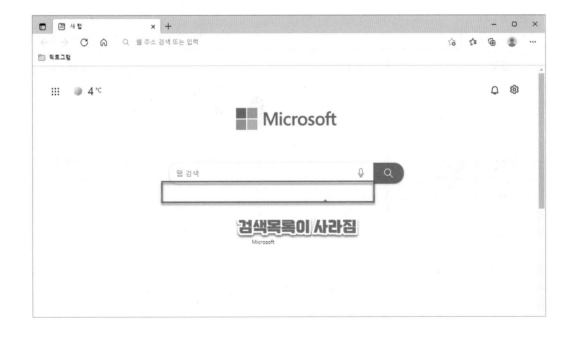

01 엣지 브라우저의 오른쪽 상단에 ❶...(기타옵션)을 클릭한 후 ❷설정을 선택합니다.

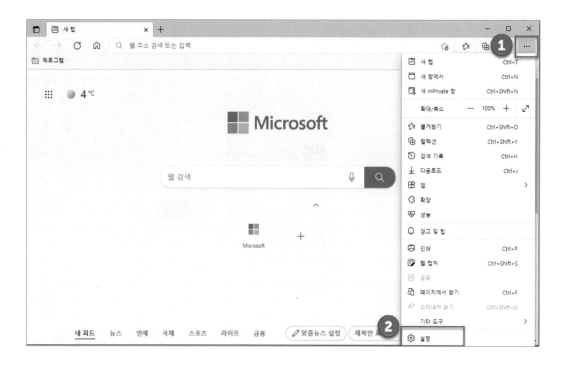

02 화면이 왼쪽과 오른쪽으로 나뉘어져 보이는데, 왼쪽 설정 창에서 **시작, 홈 및 새 탭**을 클릭하면 오른쪽에 해당 내용이 보입니다.

03 오른쪽 내용 창에서 Edge가 시작되는 경우 그룹에 3가지 항목이 나오는데 **❶다음 페이지를 열 수 있습니다**를 클릭한 후 **❷새 페이지 추가**를 누릅니다.

04 새 페이지 추가 대화상자가 나오면 URL 입력칸에 구글로 첫 화면이 열리기 원하므로 **❶https://google.com**을 입력한 후 **❷추가**를 클릭합니다.

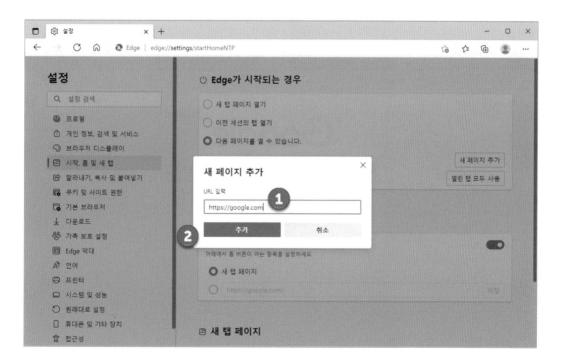

05 페이지가 구글로 설정된 것을 확인할 수 있는데, 더 정확히 확인하기 위해 창을 **닫기**를 한 후 엣지 브라우저를 다시 실행합니다.

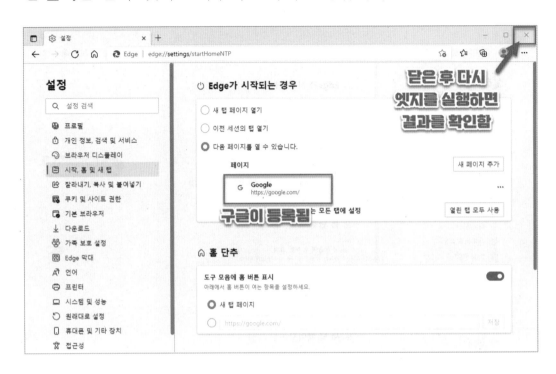

06 다시 엣지 브라우저를 실행하면 아래와 같이 구글이 첫 화면으로 나오게 됩니다. 이렇게 다른 브라우저를 사용할 때도 시작 페이지를 변경할 수 있어야 합니다.

01 엣지 브라우저를 실행한 후 **네이버**와 **다음**을 각 탭에 열어줍니다.

02 엣지 브라우저의 오른쪽 상단에 **...(기타옵션)**을 클릭한 후 **설정**을 클릭합니다.

03 왼쪽 설정 창에서 **❶시작, 홈 및 새 탭**을 클릭한 후 오른쪽 내용 창에서 **❷열린 탭 모두 사용**을 클릭합니다.

04 2개의 탭에 열려있던 네이버와 다음이 차례대로 페이지에 등록이 됩니다. 기존에 있던 구글은 자동으로 제거되고, 현재 열려있는 모든 탭이 시작 페이지로 설정이 됩니다. 엣지 브라우저를 닫은 후 다시 엣지 브라우저를 실행해 보세요.

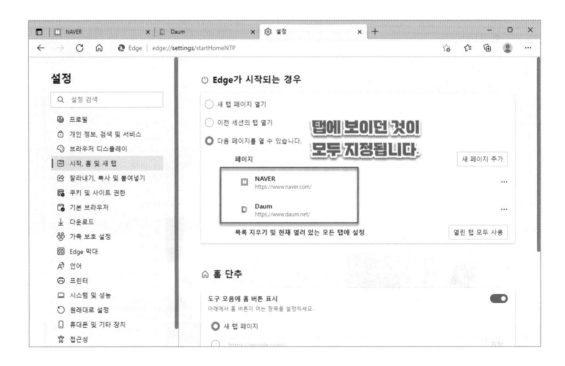

01 엣지 브라우저의 홈 버튼도 개별적으로 설정할 수 있는데, 브라우저 오른쪽
상단의 ...(기타옵션)을 클릭한 후 **설정**을 선택합니다.

02 설정 창에서 **①시작, 홈 및 새 탭**을 클릭한 후 오른쪽의 내용 창에서 홈 단추
그룹에 있는 새 탭 페이지로 되어 있는 것을 **②선택** 버튼을 클릭합니다.

03 URL 입력 칸에 설정하고 싶은 사이트 주소를 입력하면 되는데, **네이버**로 지정하기 위해 ❶https://naver.com을 입력한 후 ❷**저장** 버튼을 클릭합니다.

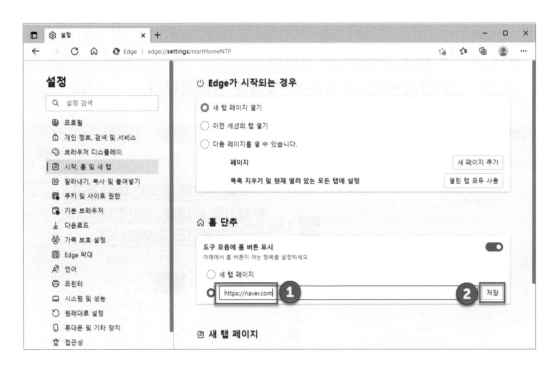

04 엣지 브라우저 상단에 이미 홈 버튼이 표시가 되어 있으므로 클릭하면 네이버가 열리게 됩니다. 이제부터 언제든 네이버를 열어보려면 **홈 버튼**을 클릭하면 빠르게 이동할 수 있습니다.

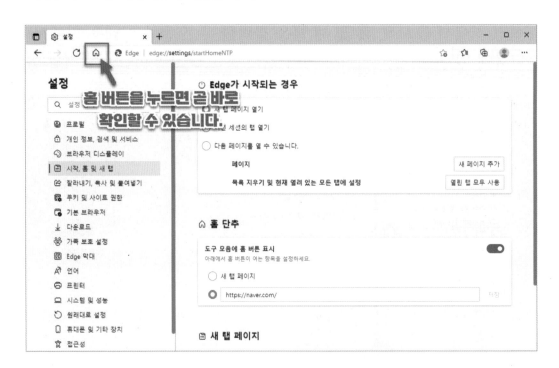

혼자 해 보기

① 엣지 브라우저의 새 탭에 "내장산 단풍"을 검색한 후 다운로드해서 첫 화면 배경으로 설정해 보세요.

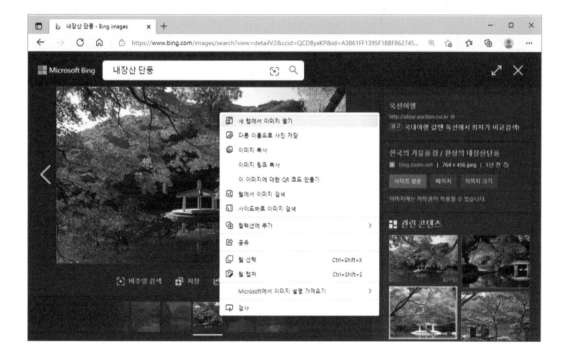

② 빠른 연결에 유튜브(https://youtube.com) 사이트를 추가해 보세요.

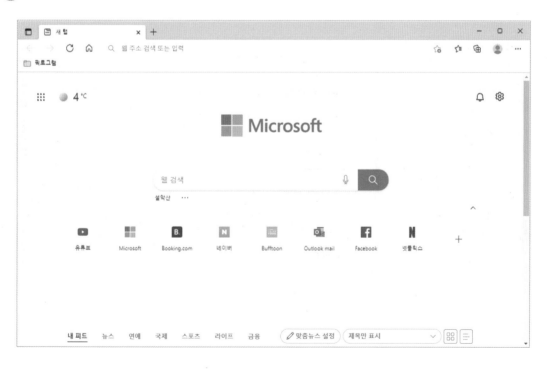

❸ 엣지 브라우저를 실행하면 처음 페이지가 "daum.net"으로 열리도록 설정 해 보세요.

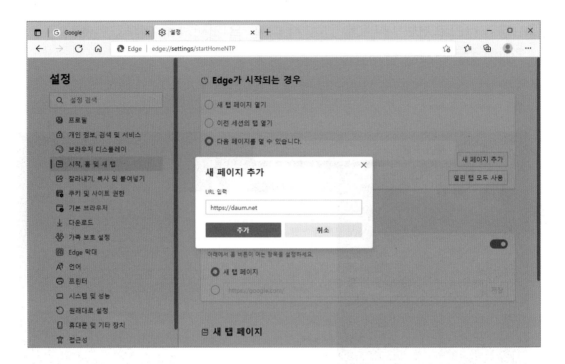

❹ 엣지 브라우저를 실행하면 시작 페이지가 원래대로 새 탭으로 보이도록 설 정된 것을 제거해 보세요. 여러 개가 지정되어 있으면 하나씩 제거할 수 있습 니다.

모양 지정과 즐겨찾기

엣지 브라우저를 실행하면 전체적인 모양이 시스템 기본값으로 보여지게 되는데, 밝게 또는 어둡게도 변경해서 시력을 보호할 수 있습니다. 테마를 이용해서 본인이 좋아하는 색상 테마를 이용하기도 하고, 브라우저에 보이지 않는 기능을 보이도록 지정할 수도 있습니다. 다른 사람이 사용하는 엣지 브라우저의 기능을 내 엣지 브라우저에도 보이도록 설정할 수 있어야 합니다.

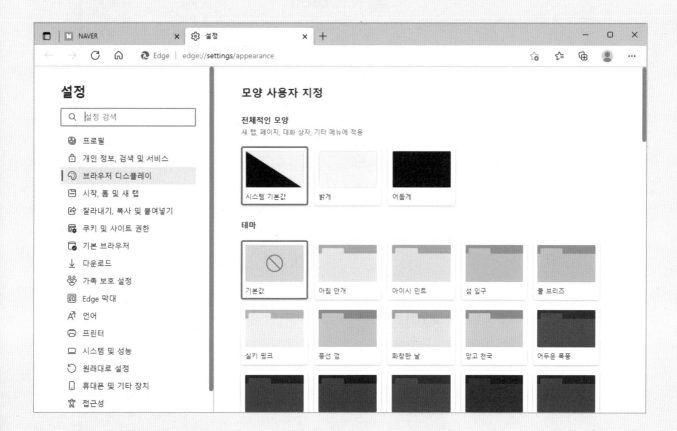

무엇을 배울까?

01. 엣지 브라우저의 화면 디스플레이 구성하기

02. 브라우저에 도구를 보이도록 설정하기

03. 즐겨찾기 이용하기

01 엣지 브라우저를 실행한 후 브라우저 오른쪽 상단의 **❶...(기타옵션)**을 클릭
한 후 **❷설정**을 선택합니다.

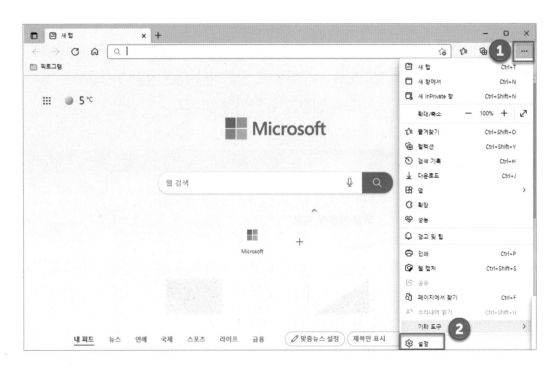

02 설정 창에서 **❶브라우저 디스플레이**를 클릭하면 오른쪽 내용창에 모양 사용
자 지정이 나옵니다. **❷어둡게**를 클릭하면 밤에 사용할 때 눈의 피로도를 줄
일 수 있습니다.

03 엣지 브라우저의 상단에 있는 **새 탭**을 클릭해서 어둡게 적용된 전체적인 모양을 확인할 수 있습니다. (새 탭, 페이지, 대화상자, 기타 메뉴에 적용됩니다)

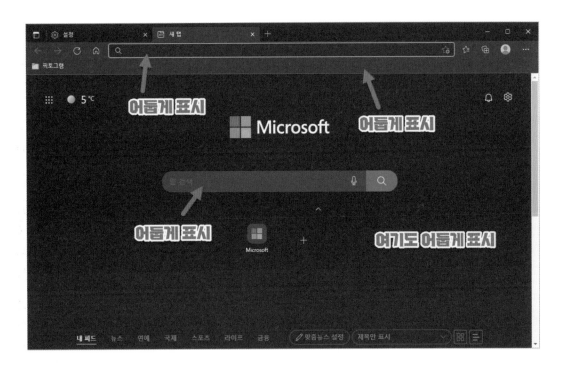

04 새 탭으로 열린 브라우저를 보면 새 탭 부분과, 내용이 나오는 페이지, 대화상자와 기타메뉴까지 색상이 어둡게 표시됩니다.

05 새 탭을 닫아주거나 다시 기타옵션에서 설정으로 들어간 후 **브라우저 디스플레이**를 선택해서 아래와 같은 화면이 되도록 합니다. 테마에서 **섬 입구**를 선택하면 브라우저의 색상이 변경됩니다.

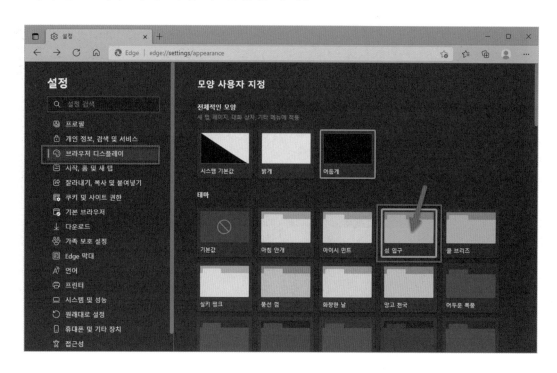

06 새 탭을 눌러서 아래와 같이 변경 된 것을 확인합니다. 새 탭과 주소표시줄, 검색상자, 기타메뉴, 웹 페이지 색상이 테마에서 지정한 것으로 지정되었으며, 어둡게 보이고 있습니다.

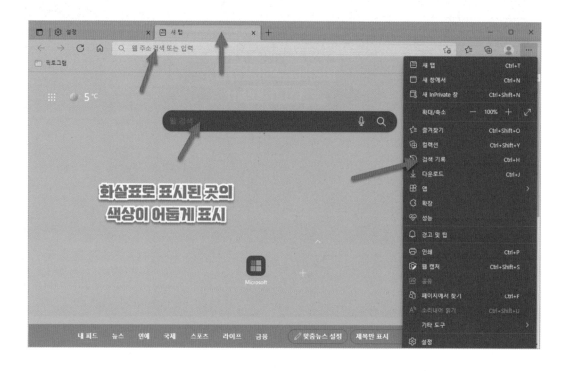

07 새 탭을 닫아주거나 다시 기타옵션에서 설정으로 들어간 후 **브라우저 디스플레이**를 선택해서 아래와 같은 화면이 되도록 합니다. 전체적인 모양에서 **밝게**를 선택합니다.

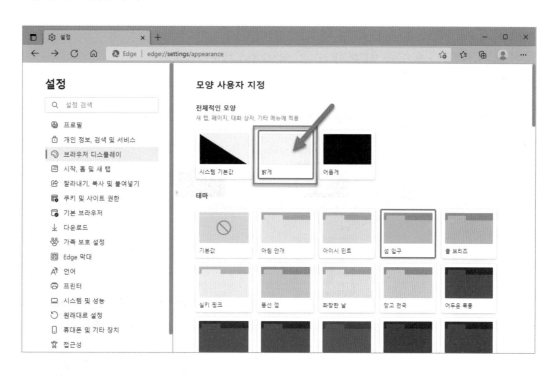

08 새 탭을 눌러서 아래와 같이 변경 된 것을 확인합니다. 새 탭과 주소표시줄, 검색상자, 기타메뉴, 웹 페이지 색상이 테마에서 지정한 것으로 지정되었으며, 전체적인 톤이 밝게 보이고 있습니다.

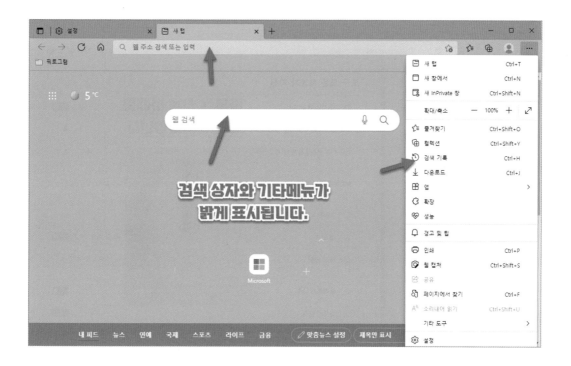

01 브라우저 설정에서 **브라우저 디스플레이**를 선택해서 전체적인 모양은 **시스템 기본값**으로, 테마는 **기본값**으로 지정합니다.

02 오른쪽 내용 창에서 스크롤바를 아래로 이동해서 아래의 **도구 모음 사용자 지정**이 보이도록 합니다.

03 탭 작업 메뉴 표시에 오른쪽에 있는 버튼을 클릭해서 꺼보고 다시 켜줍니다.

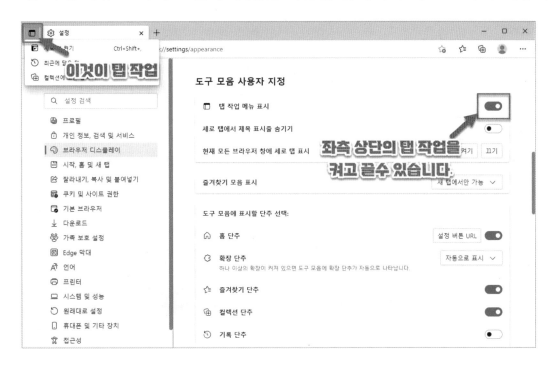

04 도구 모음에 표시할 단추 선택 그룹에서 **홈 단추**를 껐다가 다시 켜보세요. 만약 브라우저에 **홈 단추**가 없으면 여기서 켜주면 되고, **즐겨찾기**와 **컬렉션** 단추도 마찬가지로 여기서 보이게 합니다.

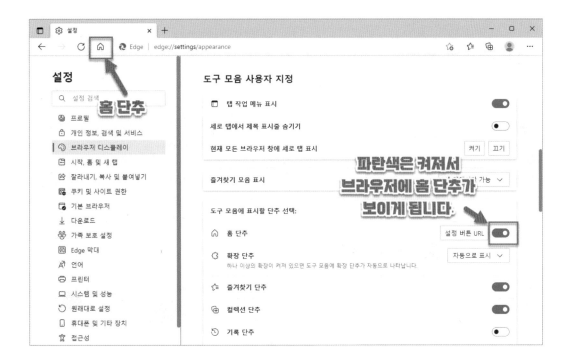

01 엣지 브라우저를 실행한 후 검색 상자에 **"국립중앙박물관"**을 입력한 후 Enter 를 누르거나 **검색(돋보기)** 버튼을 클릭합니다.

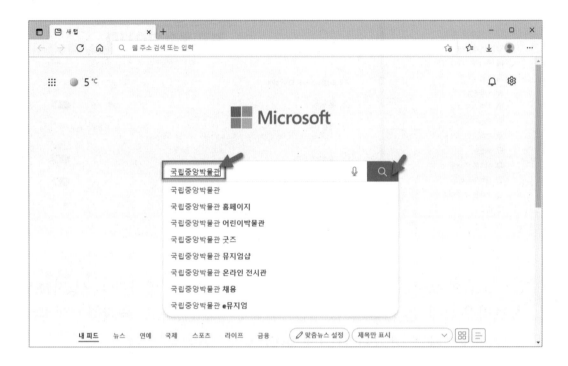

02 검색 결과의 위쪽에는 광고가 먼저 나오므로 웹 페이지 화면을 아래로 스크롤하여 이동합니다.

03 웹 페이지를 아래로 스크롤하면 아래처럼 **국립중앙박물관**이 하이퍼텍스트로 링크로 표시가 됩니다. 이곳을 클릭해주세요.

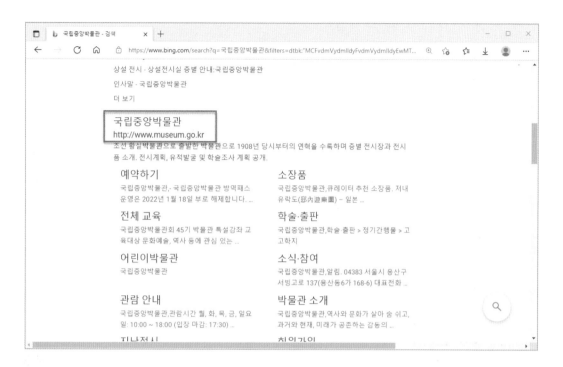

04 엣지 브라우저의 상단에 있는 도구모음에서 **별(즐겨찾기)**를 클릭하면 자주 방문하는 사이트로 남길 수 있습니다. 모든 웹 브라우저 뿐만 아니라 다른 앱을 사용할 때도 별(★)은 즐겨찾기를 의미하므로 직접 확인해 보세요.

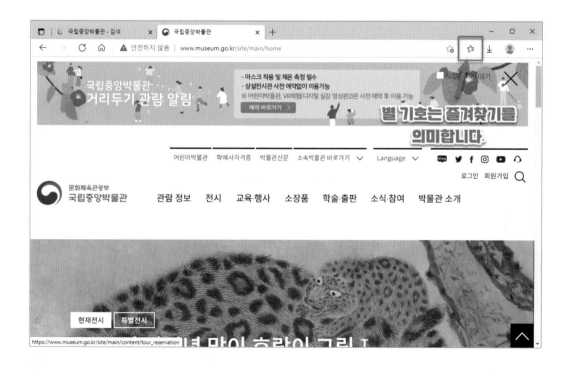

05 즐겨찾기 상자가 열리면 **별표에 +**가 되어있는 버튼을 클릭하면 즐겨찾기가 탭에 기록되어 있는 이름으로 자동으로 등록이 됩니다. Enter 를 눌러서 즐겨찾기 이름 입력을 끝냅니다.

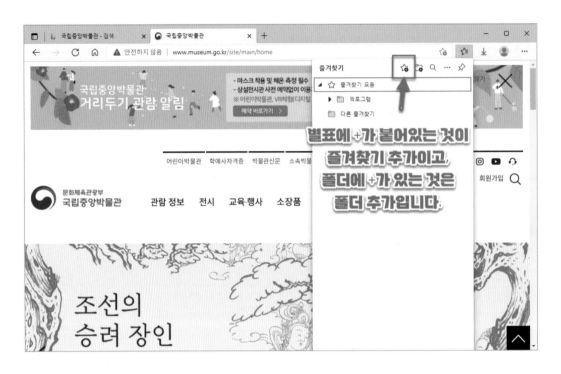

06 즐겨찾기 버튼을 클릭해서 즐겨찾기 화면이 사라지게 합니다. 다시 누르면 즐겨찾기 화면이 보입니다. 버튼이라는 것은 한 번 누르면 해당하는 상자가 보이고 다시 버튼을 누르면 상자가 닫힙니다.

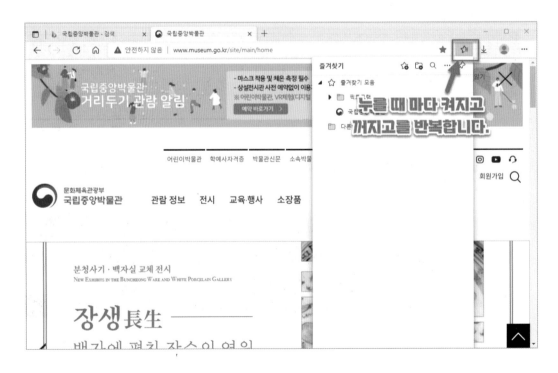

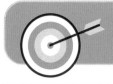

① 브라우저 디스플레이를 어둡게, 테마는 풍선 껌으로 설정해 보세요.

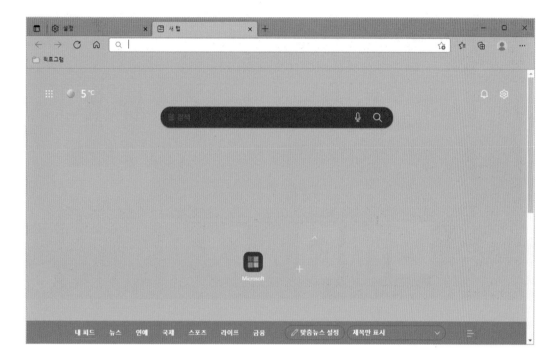

② 도구 모음 사용자 지정을 이용해서 다운로드가 항상 표시되도록 설정해 보세요.

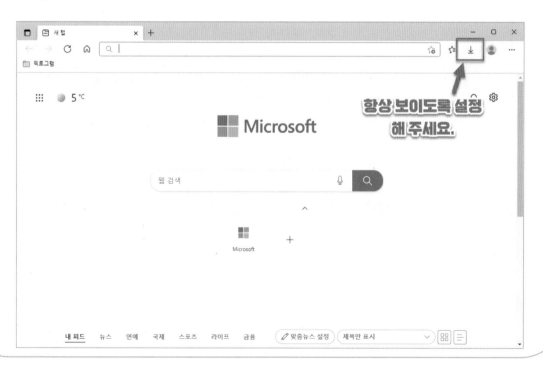

항상 보이도록 설정해 주세요.

③ 엣지 브라우저를 실행한 후 검색 상자에 "예술의 전당"을 입력해서 즐겨찾기를 구성해 보세요.

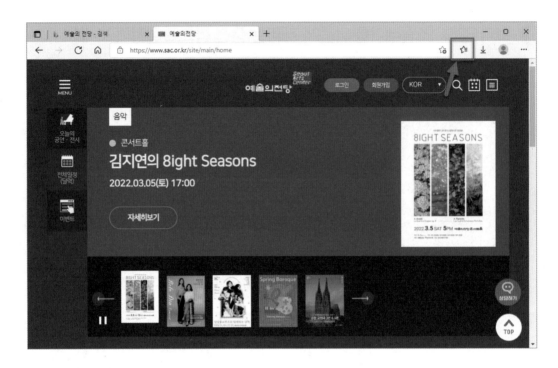

④ 즐겨찾기로 추가한 "국립중앙박물관"을 마우스 오른쪽 단추를 눌러서 삭제해 보세요.

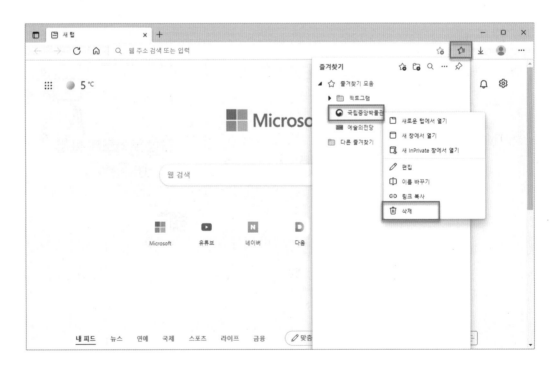

프로그램 설치하기

엣지 브라우저를 이용해서 인터넷 검색 등 다양한 서비스를 이용할 수 있는데, 또 한가지 많이 사용하는 것이 프로그램을 다운로드해서 설치하는 것입니다. 엣지 브라우저에서 다운로드하는 방법과 다른 브라우저에서 다운로드하는 방법이 다르지 않기 때문에 한 가지만 잘 사용하면 됩니다. 이번에 다룰 내용은 네이버 웨일 브라우저와 전자책을 읽어 볼 수 있는 PDF 앱을 설치해 보도록 하겠습니다.

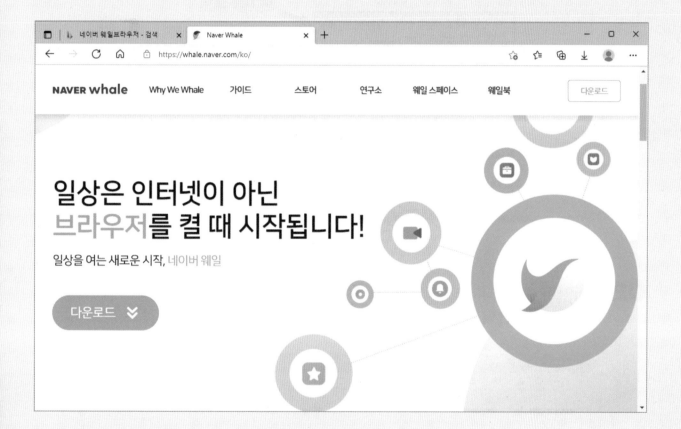

🔍 무엇을 배울까?

01. 다운로드 방법 배우기

02. 웨일 브라우저의 설치와 사용하기

03. 전자책 프로그램 설치하기

04. 기본 브라우저 설정하기

01 엣지 브라우저를 실행한 후 검색 상자에 **"네이버 웨일브라우저"**를 입력하고
Enter 를 누릅니다.

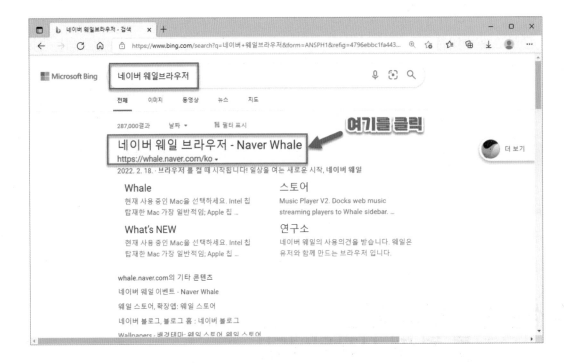

02 네이버 웨일브라우저를 다운로드 받을 수 있는 페이지가 열리면 페이지에서
다운로드 버튼을 찾아서 클릭합니다.

03 다운로드가 빠르게 진행되어 오른쪽 상단에 다운로드 결과가 표시됩니다. **파일 열기**를 클릭해서 설치를 진행하고 **이 앱이 디바이스를 변경할 수 있도록 허용할 것**인지 물으면 **예**를 클릭합니다.

04 네이버 웨일 설치 장면이 시작되는데 **사용 통계 및 오류 보고서를 네이버에 전송하여 웨일개선에 참여합니다**는 체크를 해제한 후 **동의 및 설치**를 클릭합니다.

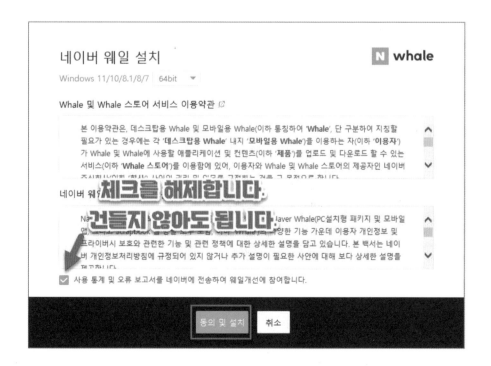

05 아래와 같이 다운로드 및 설치를 진행하는 과정이 3~5초동안 진행되므로 웨일 브라우저가 열릴 때까지 기다립니다.

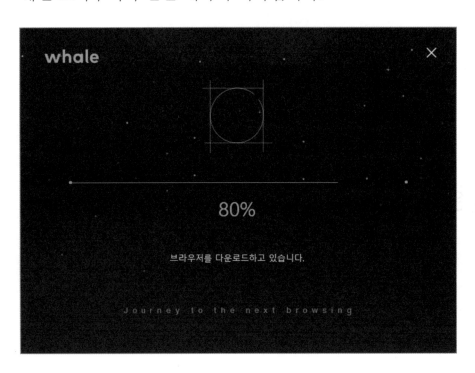

06 아래와 같이 새롭게 웨일 브라우저가 실행되면서 웨일 환영메시지가 페이지에 표시되는데, 여기서는 **로그인 없이 시작>**을 클릭해서 다음 화면을 진행하도록 합니다. (내 PC에서 혼자 사용하는 것이고, 네이버에 회원가입이 되어 있으면 네이버 웨일 로그인을 눌러서 항상 로그인 상태를 유지하는 것도 좋습니다)

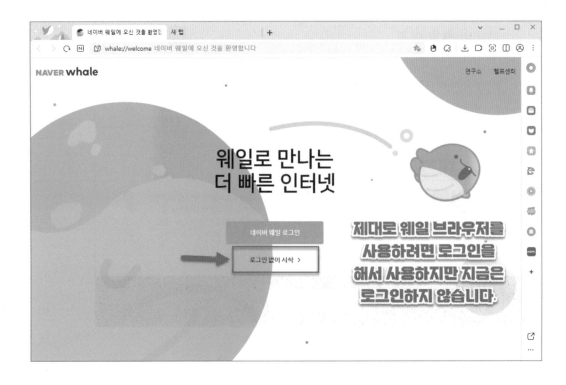

07 즐겨찾기/북마크 가져오기 화면인데, 다른 브라우저에서 사용하는 즐겨찾기를 가져오도록 하는 기능으로 지금은 **건너뛰기**를 클릭해서 다음 화면으로 진행합니다.

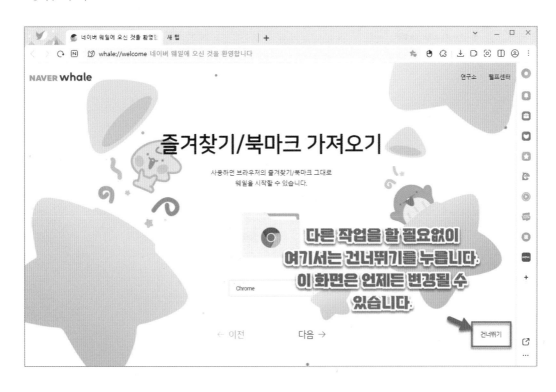

08 웨일 브라우저도 엣지 브라우저처럼 브라우저 디스플레이를 변경할 수 있는데 웨일 브라우저는 스킨 컬러라고 부릅니다. 여기서도 역시 **건너뛰기**를 클릭해서 다음 화면으로 넘어갑니다.

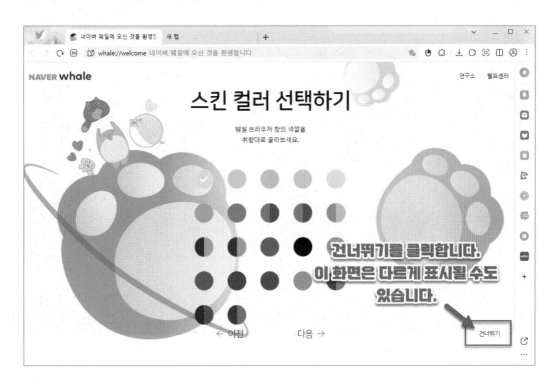

09 웨일 브라우저를 실행했을 때 시작 페이지로 웨일 새탭과 네이버 시작페이지 중에서 어느 것으로 열리게 할지 선택하는 화면입니다. 여기서는 **네이버**를 선택한 후 **완료**를 클릭합니다.

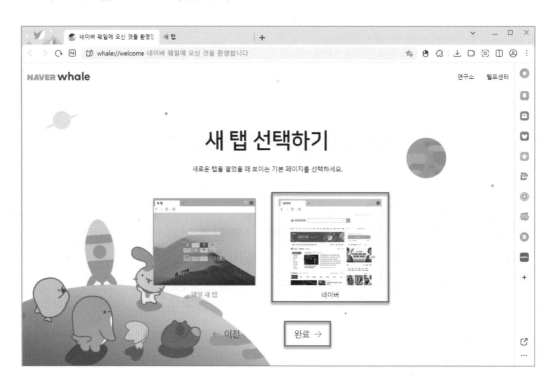

10 웨일 브라우저의 화면구성 요소들이 설명되는 장면이 나오게 되는데 여기서는 일단 오른쪽 상단의 **X(닫기)**를 클릭해서 설치 과정을 마무리 합니다.

01 바탕화면에서 웨일 브라우저를 실행한 후 검색 상자에 **"삼성전자"**를 입력한 후 Enter를 눌러서 검색합니다.

02 삼성전자 검색화면이 열리면 마우스 휠을 아래로 굴려서 삼성전자 주가 차트 가 있는 화면까지 이동합니다.

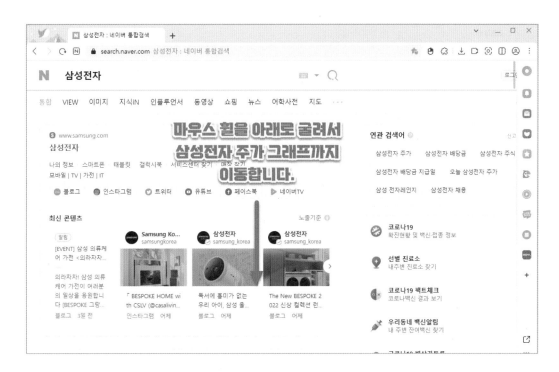

03 삼성전자 추가 차트에서 **10년**을 클릭해서 10년간의 차트 그래프로 변경합니다.

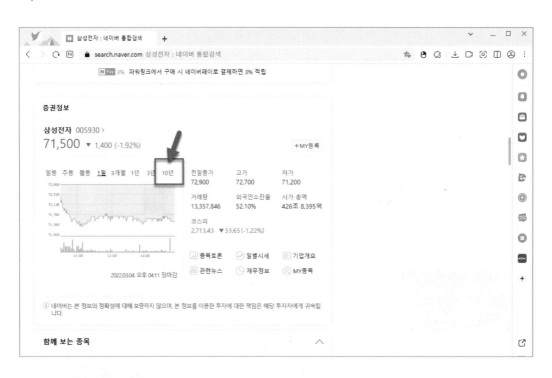

04 이번에는 차트에 마우스를 올려놓은 후 클릭을 하도록 합니다. 이렇게 마우스를 올려 놓으면 하얀 손가락이 나오는데 이것을 우리는 하이퍼링크라고 부릅니다.

05 새로운 탭이 열리고 삼성전자 차트가 자세하게 표시됩니다. 차트 중간에서 마우스 휠을 굴리면 차트를 더욱 상세하게 살펴볼 수 있습니다.

06 화면을 확대(상세하게)하거나 축소(간단하게)를 하는 방법은 그림에 마우스를 올려 놓은 상태에서 휠을 위/아래로 드래그를 해보면 됩니다.

01 웹 브라우저로 인터넷 문서를 볼 수 있지만 PDF뷰어를 설치해서 사용하겠습니다. 엣지 브라우저에서 먼저 **PDF뷰어**를 검색합니다.

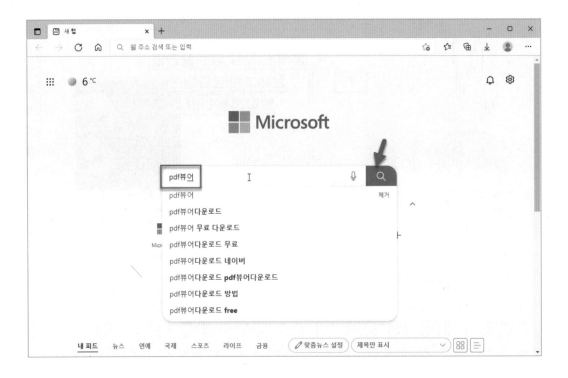

02 검색 결과에서 Adobe PDF가 먼저 보이는데 7일간 무료 체험하는 것이므로 사용할 수 없기 때문에 다른 것을 찾기 위해 마우스 휠을 아래로 굴려줍니다.

03 아래처럼 마우스 휠을 굴려서 **알PDF 공식 다운로드** 링크가 보이도록 한 후 화면에 링크가 보이면 클릭을 합니다.

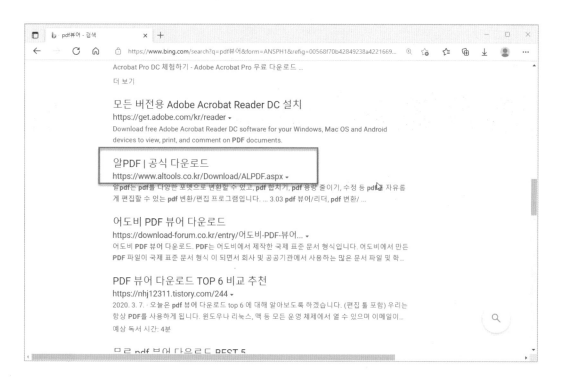

04 ALTools 사이트의 다운로드 페이지가 열리는데 주황색의 **설치하기** 버튼을 클릭하면 오른쪽 상단의 다운로드 창에 다운로드 진행상태가 표시됩니다.

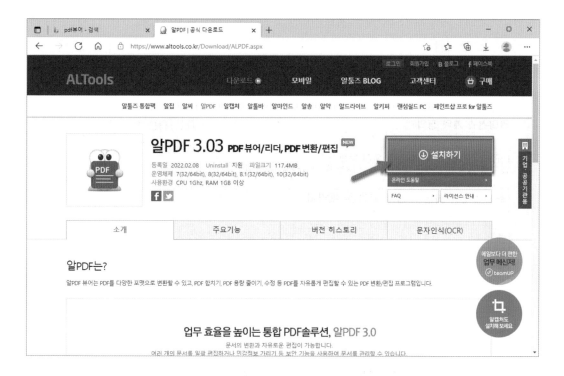

05 다운로드가 100% 진행되면 **파일 열기**가 활성화 됩니다. **파일 열기** 링크를 클릭해서 설치를 진행합니다. 설치 화면이 나오면 엣지 브라우저는 창을 닫아도 됩니다.

06 먼저 압축해제가 진행된 후 자동으로 아래와 같이 라이선스 계약 동의 화면이 나오게 됩니다. 모든 애플리케이션(앱)은 상용이든 무료 앱이든 라이선스에 **동의**를 클릭해야 다음이 진행됩니다.

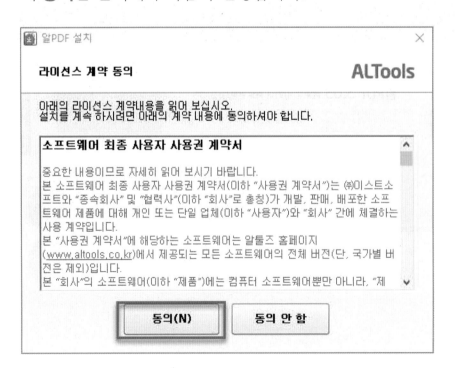

07 설치 화면이 나오면 상자 안에 사각형의 옵션 버튼이 2개가 있는데 모두 클릭을 해서 **체크를 반드시 해제**해 줍니다. (불필요한 앱이 설치가 되므로 반드시 체크를 해제)

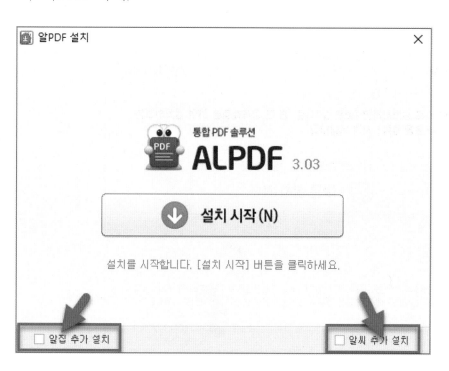

08 **설치 시작**을 클릭하면 ALPDF 프로그램의 설치가 진행됩니다.

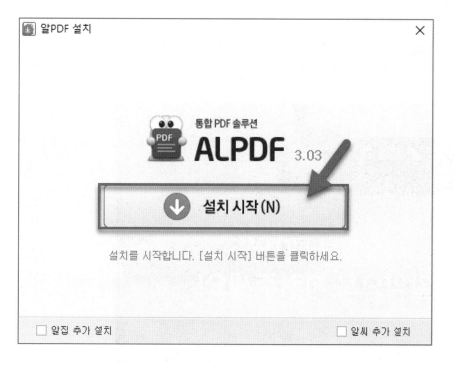

09 설치 방법 선택화면이 나오면 창 안에 있는 **옵션 버튼**을 다시 모두 **해제**해 줍니다. 이것을 체크하게 되면 광고창이 설치되고, 검색엔진이 변경되니 해제한 후 **빠른 설치**를 클릭합니다.

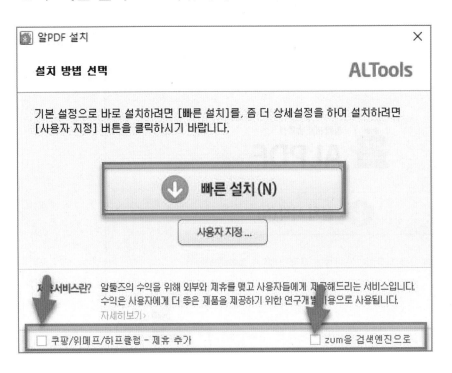

10 설치가 모두 끝나면 옵션 버튼에 또 다른 프로그램을 설치하도록 나오는데 상황에 따라 나오는 앱 설치 종류는 다르므로 무조건 **체크를 해제**한 후 **확인**을 클릭합니다.

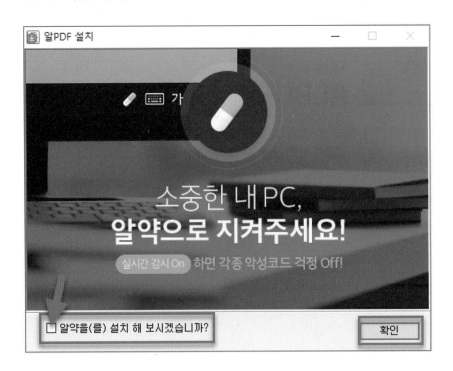

01 현재 PC에는 엣지, 웨일, Chrome이 설치되어 있는데, 기본 브라우저를 변경하려면 ❶시작을 클릭한 ❷설정(톱니바퀴)을 누릅니다.

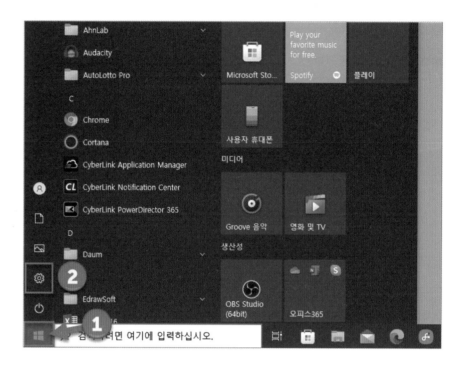

02 설정 창이 열리면 아래와 같이 **앱**을 클릭합니다. 이것은 설치 제거와 기본값을 변경할 수 있습니다.

03 앱을 설정하는 화면에서 왼쪽 분류창에서 **기본 앱**을 클릭해서 오른쪽에 해당
내용이 나오게 합니다.

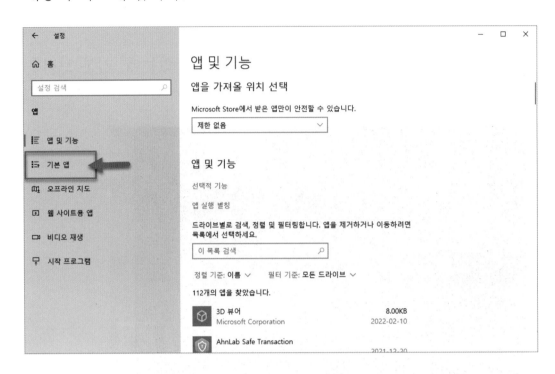

04 오른쪽 기본 앱에서 아래로 화면을 찾아보면 웹 브라우저가 보이는데 개인
별로 브라우저가 설치된 앱이 다르므로 보이는 것이 다릅니다. 여기서는
Chrome이 설정되어 있지만 **웹 브라우저**를 클릭해서 변경합니다.

05 **네이버 웨일**을 선택해서 기본 브라우저를 변경합니다. 지금 이렇게 기본 브라우저를 변경해도 겉으로 보이는 것은 변화된 것이 없어 보이지만 웹 주소가 링크된 것을 클릭하게 되면 웨일 브라우저로 열어서 보여주게 됩니다.

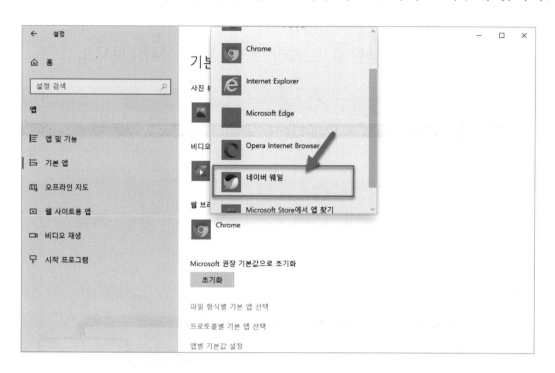

① 엣지 브라우저를 실행한 후 "오페라 브라우저"를 설치해 보세요.

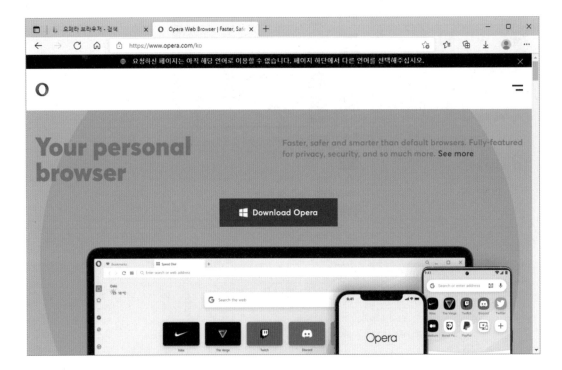

② 기본 브라우저를 엣지 브라우저로 반드시 설정해 주세요.

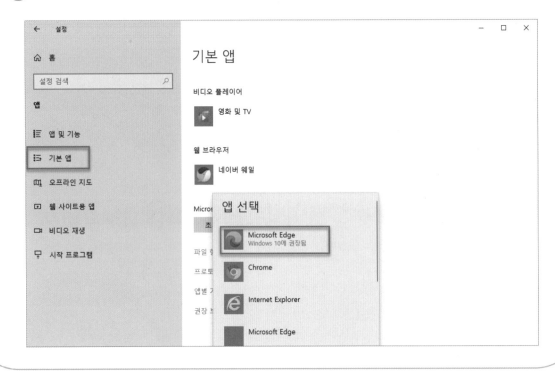

정보검색은 이렇게

대한민국에서는 검색 엔진으로 네이버, 다음, 구글을 주로 사용하고 있는데 세계적으로 구글이라는 다국적 기업의 검색 엔진을 많이 사용하고 있습니다. 하지만 인터넷 기초 과정이라 한글에 최적화된 네이버를 이용해서 검색하는 기본적인 방법을 알아보도록 하겠습니다. 당연하게도 네이버에서 개발한 네이버 웨일 브라우저를 이용해서 네이버 검색엔진을 이용하도록 하겠습니다.

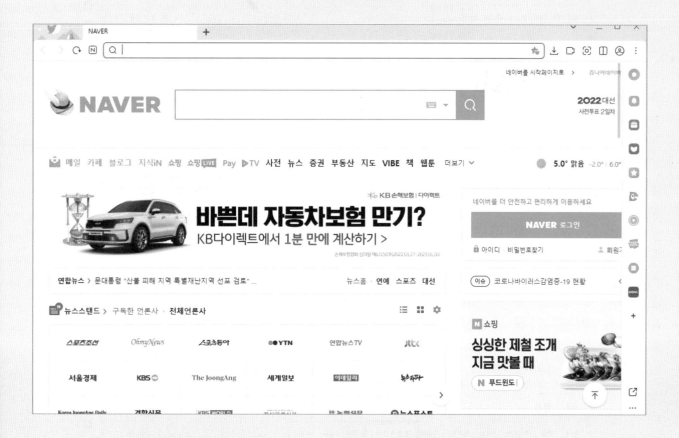

🔍 무엇을 배울까?

01. 웨일 브라우저로 네이버에서 검색하기

02. 네이버의 다양한 검색 방법 배우기

03. 지식iN 검색과 날씨 검색하기

01 네이버 웨일 브라우저를 실행한 후 검색 상자에 **"펜션"**을 입력하고 Enter 를 누릅니다.

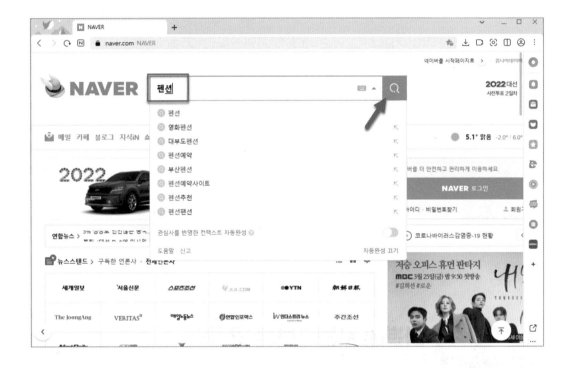

02 검색 결과에서 **인플루언서**를 클릭하면 SNS에서 수십만 이상의 팔로워(구독자)를 가진 사람들이 올린 내용이 나옵니다.

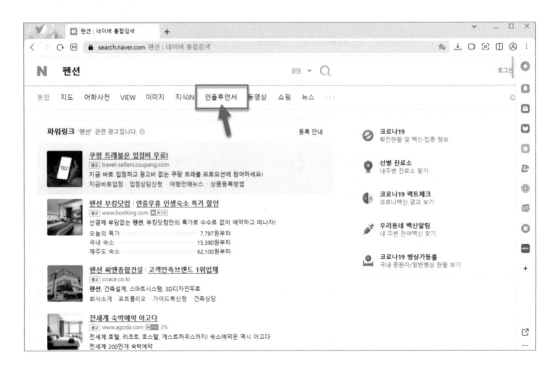

03 게시글의 제목을 클릭하면 포스팅한 내용을 볼 수 있으며, 포스팅한 인플루언서의 이름을 클릭하면 해당 홈페이지로 이동합니다. 여기서는 게시글을 클릭해서 내용을 보면 됩니다.

04 게시글을 자세하게 읽어본 후, 해당 내용을 닫으려면 상단의 탭에 마우스를 올려놓으면 **닫기** 버튼이 보입니다. 해당 탭에서 **닫기**를 클릭하면 원래의 검색했던 결과창이 보이게 됩니다.

05 검색 결과 창에서 **네이버 로고(상표)**를 클릭하면 네이버 시작 페이지로 이동하게 됩니다.

06 네이버 시작 페이지에서 검색어를 입력하지 않고 먼저 네비게이션 모음에서 **블로그**를 클릭합니다. 이렇게 실행하면 블로그에서만 검색을 할 수 있게 되고, 만약 카페를 클릭한 후 검색하면 카페의 게시글만 나오게 됩니다.

07 검색 상자에 **"펜션"**을 입력한 후 Enter 를 누르면 **블로그**에서 포스팅한 제목 및 내용에서 **"펜션"**이라는 글자가 입력된 것을 전부 검색해 줍니다.

08 검색된 결과가 글에서 정확도로 검색이 되는데, 해당 내용이 정확하게 있는 것만 검색이 되며, **최신순**을 클릭하면 가장 최근에 올려진 게시글을 볼 수 있게 됩니다.

01　네이버에서 대중소로 검색하는 것이 올바른 방법인데, **"강원도 고성군 펜션"** 을 입력합니다.

02　검색 결과에 **파워링크** 광고 사이트가 먼저 표시되는데, 강원도 고성에 있는 펜션만 나오고 있습니다. 마우스 휠을 아래로 굴려서 많은 정보를 확인합니다.

03 화면을 아래로 이동하다 보면 **펜션 실시간 예약** 화면이 표시되는데 네이버 예약이라고 하는 기능으로 미리 예약해 볼 수 있는 기능인데 로그인을 해야만 제대로 이용할 수 있는 서비스입니다.

04 화면을 아래로 더 이동하면 **지식iN**이 나오는데 궁금한 사항을 글로 물어보면 해당 지식인이 답변을 해주는 것으로 질문을 클릭해서 열어서 읽어 보세요.

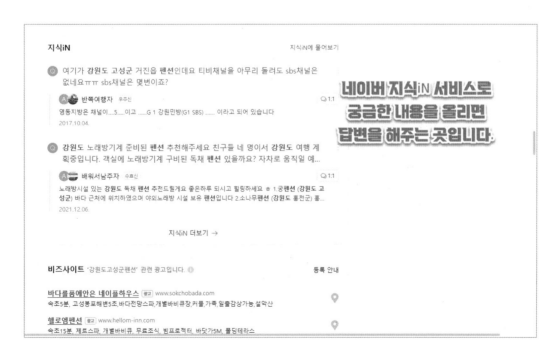

01 웨일 브라우저를 실행한 후 네이버 네비게이션 바에서 **지식iN**을 클릭합니다.

02 검색상자에 **"고혈압 음식"**을 입력한 후 Enter 를 누르면 질문에 해당하는 답변 이 검색됩니다.

03 정확도로 검색이 되어 표시가 되는데, **추천순**을 클릭하면 추천을 많이 받은 지식iN 글이 표시가 됩니다.

04 오른쪽 화면에서 **연관검색어**가 나오는데 다른 사람들은 어떻게 검색을 했는 지와 관련 있는 검색어들이 나오게 됩니다. 클릭해서 검색 결과를 확인해 보세요. 여기서도 물론 추천순으로 정렬해서 볼 수 있습니다.

01 웨일 브라우저를 실행한 후 네이버의 네비게이션 바에서 **더보기**를 클릭합니다.

02 더보기를 클릭하면 아래처럼 네이버 서비스가 모두 열리게 됩니다. 여기서
날씨를 클릭합니다.

03 네이버 날씨 페이지에 현재 위치와 오늘 날짜의 날씨가 보입니다. **미세먼지**를 클릭해서 오늘의 상태를 확인해 봅니다.

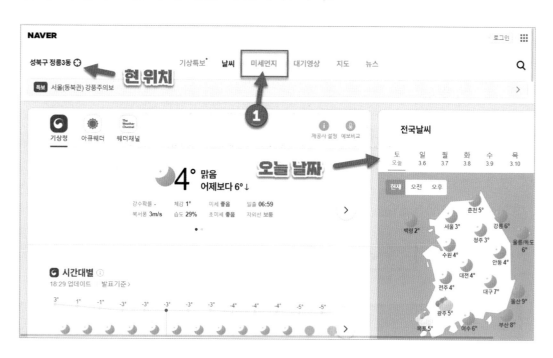

04 미세먼지 페이지가 열리면 미세먼지OFF를 클릭해서 미세먼지ON으로 변경해 보고, 오른쪽 **돋보기(검색)**을 클릭해서 다른 지역의 날씨정보를 확인할 수 있습니다.

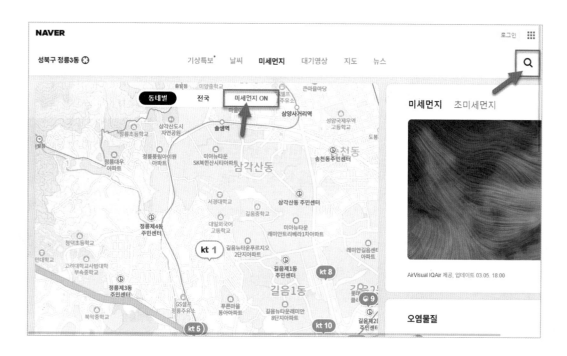

05 검색 상자에 **속초시**를 입력하면 아래로 해당하는 지역의 상세한 동네가 나옵니다. 원하는 동네를 클릭해 보세요.

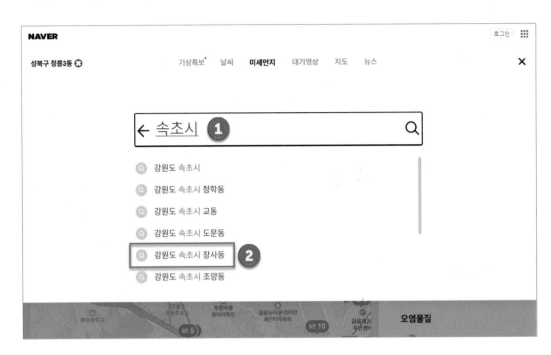

06 속초시 장사동의 날씨 정보가 먼저 보이는데 우리가 볼 것은 미세먼지를 확인하는 것이므로 상단 메뉴에서 **미세먼지**를 클릭하면 아래와 같이 동네별 미세먼지가 표시됩니다.

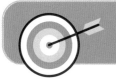

혼자 해 보기

① 웨일 브라우저를 실행한 후 네이버 사이트의 카페에서 "인공지능"을 검색해 보세요.

② 네이버에서 "경상남도 고성군 펜션"을 대중소 검색해 보세요.

❸ 네이버 지식iN에서 **"임플란트 건강보험"**을 검색한 후 추천순으로 정렬해서 표시한 후, 연관 검색어에서 **임플란트 65세**를 클릭해서 표시해 보세요.

❹ 네이버 날씨 정보에서 **세종특별자치시 나성동**의 대기영상을 검색해 보세요.

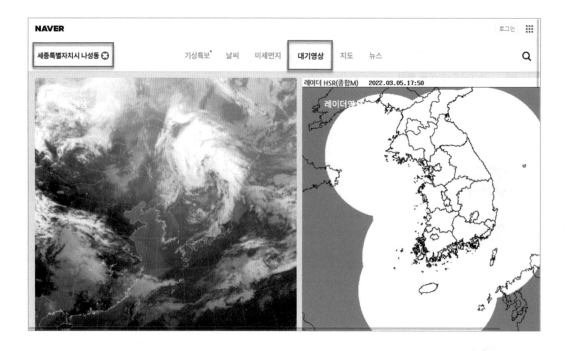

06

네이버 가입과
이메일 사용하기

인터넷이 없던 시절에 우리는 전화나 편지를 통해서 소식을 알려주고, 받기도 했었습니다. 지금 생각하면 참 오래 전의 이야기 같지만 약 35년 전까지도 편지로 소식을 주고받았던 시절이었습니다. 이제는 이메일이라는 도구를 넘어서 더욱 빠르고 효과적인 SNS 시대를 살고 있습니다. 그럼에도 가장 기본적인 인터넷 서비스인 이메일은 계속해서 사용될 도구이므로 이번 기회에 배워서 잘 활용하기 바랍니다.

 무엇을 배울까?

01. 네이버 회원 가입하기

02. 이메일로 편지를 보내고 받는 방법 배우기

* 준비물 : 인증을 위한 본인 명의 휴대전화

01 네이버 웨일 브라우저를 실행한 후 오른쪽 상단의 로그인 상자에 있는 **회원 가입**을 클릭합니다.

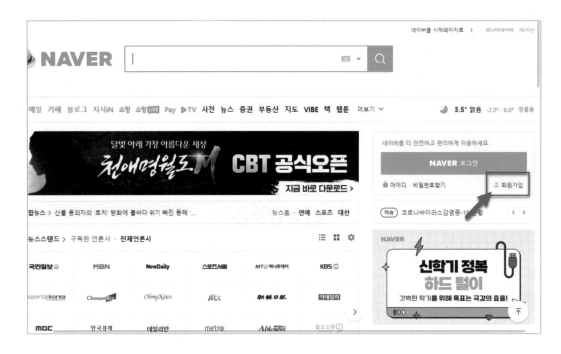

02 네이버 이용약관에 모두 동의를 하는 것을 체크합니다. 아래 그림처럼 **동그라미(선택 버튼)**를 클릭해서 **모두 동의**합니다.

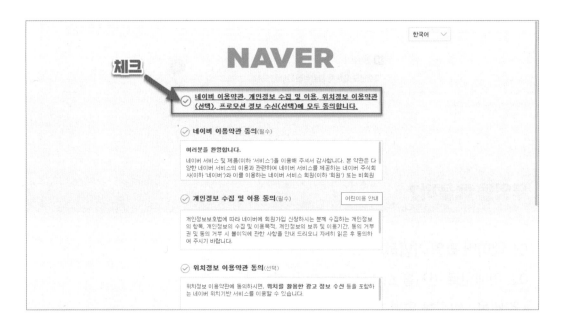

03 화면이 자동으로 아래로 이동하면 초록색의 **확인** 버튼을 클릭하면 다음 화면이 나오게 됩니다.

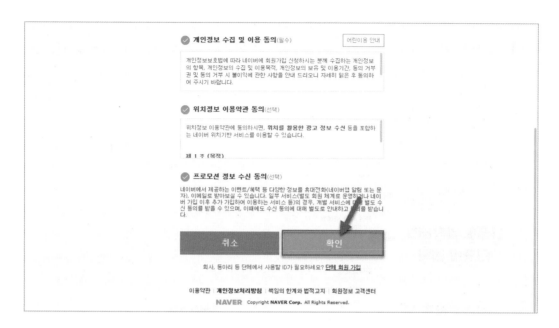

04 아이디와 비밀번호는 **소문자로 시작**해야 하고, 특히 비밀번호는 **숫자와 특수문자를 조합**해서 입력합니다. 비밀번호 확인은 위에서 입력한 비밀번호를 똑같이 입력하며, 생년은 4자리, 월은 클릭해서 선택하고, 일자는 입력합니다.

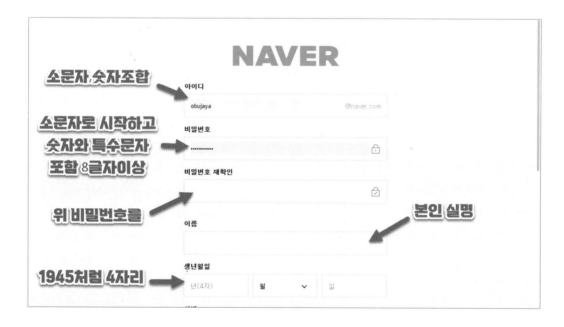

05 성별을 선택한 후, 본인 확인 **이메일은 입력하지 않고** 생략하고, 휴대전화 번호는 **본인명의**로 된 스마트폰 번호를 입력하는데 01012345678형식으로 전체를 입력합니다. 단, -(대시)는 입력하지 않습니다. **인증번호 받기**를 클릭하면 여러분의 휴대폰 문자 메시지로 네이버 회사에서 인증번호 6자리를 보내면, 확인한 후 **인증번호 입력하세요** 칸에 넣어준 후 **가입하기**를 클릭하면 회원가입은 끝나게 됩니다.

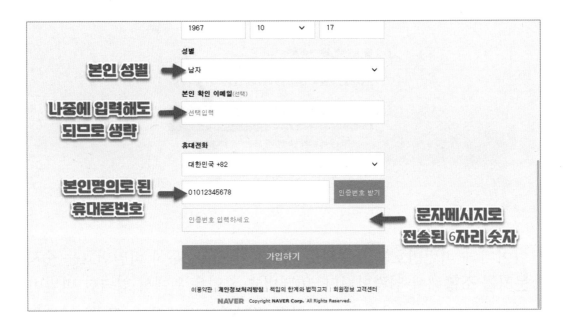

01 네이버 웨일 브라우저를 실행한 후 오른쪽에 있는 NAVER 로그인 버튼을 클릭합니다.

02 ❶본인의 ID와 ❷비밀번호를 입력한 후 ❸로그인을 클릭합니다. 이때 비밀번호는 화면에 ·······으로 표시가 됩니다.

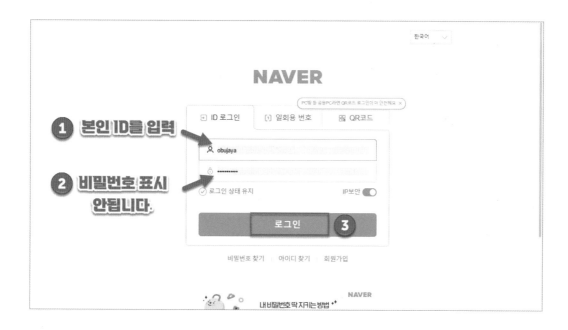

03 로그인이 정상적으로 되면, 로그인된 화면이 아래처럼 나오게 됩니다. 네이버 메일을 사용하기 위해 왼쪽에 있는 **메일**을 클릭합니다.

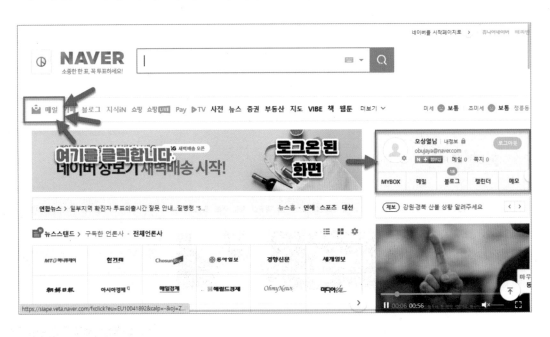

04 NAVER 메일의 첫 페이지에 안읽은 메일이 오른쪽에 표시되면서 나타납니다. 왼쪽 창은 메일 서비스가 분류되어 나오고, 왼쪽에서 클릭하면 오른쪽으로 해당 내용이 게시되어 나타납니다. 왼쪽 상단의 **메일쓰기**를 클릭합니다.

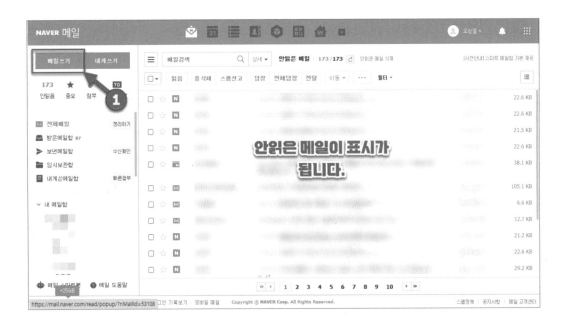

05 ❶**받는 사람** 칸에는 이메일 주소를 입력하고, ❷**제목**은 반드시 입력하도록 합니다. ❸**본문** 칸에는 메일을 보내는 용건 사항을 간단하게 입력하도록 합니다.

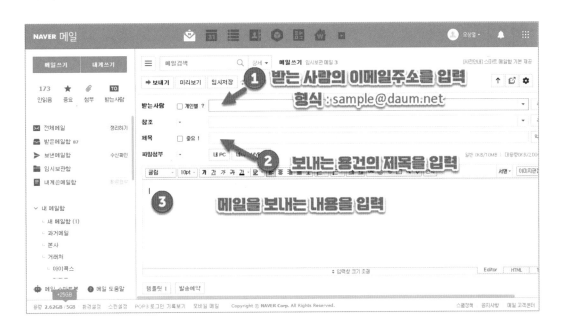

06 메일을 모두 작성했으면 상단에 보이는 **보내기** 버튼을 클릭하면 전송이 완료됩니다. 받는 사람의 메일 주소를 정확히 확인한 후 보내기를 누르세요.

07 메일을 성공적으로 보냈습니다 창이 나오면 성공적으로 보냈다는 것입니다.
자주 메일을 보내는 사람이라면 주소록에 저장하도록 합니다. **❶이름입력**을
한 후, **❷주소록에 저장**을 클릭합니다.

08 1개의 연락처를 주소록에 저장했습니다. 이번에 주소록에 저장된 이름으로
메일을 다시 보내기 위해서 왼쪽 상단의 **메일쓰기**를 클릭합니다.

09 받는 사람을 입력하는 칸에 방금 전에 **주소록에 등록한 이름**을 입력하면 자동 으로 찾아서 목록으로 나오면 그 **목록을 클릭**해서 메일을 보내면 됩니다.

10 만약에 받는 사람이 잘못 선택이 되었을 경우에는 X를 눌러서 지우고 다시 받는 사람의 메일 주소 또는 이름을 입력합니다. 이런 방식으로 주소록에 등 록된 사람은 이름으로 보낼 수 있습니다.

11 받는 사람의 주소를 지우고 아래처럼 알 수 없는 메일 주소를 입력해서 잘못 전송이 되도록 합니다. 주소를 **ob0477@giedutech.com**으로 입력한 후 내용을 입력하고 **보내기**를 클릭합니다.

12 이메일 주소가 잘못된 경우에는 반송이 되어 되돌아오는데 곧 바로 되돌아오는 경우도 있지만 시간이 걸릴 수 있습니다. 왼쪽 상단의 **메일** 버튼을 클릭하면 메일 첫 화면이 보이면서 발송실패 메일이 보이게 됩니다.

13 발송 실패한 메일을 ❶체크한 후 바로 위에 있는 ❷삭제 버튼을 클릭해서 목록에서 제거합니다.

14 오른쪽 상단에 삭제되었다는 메시지가 보입니다. 지워도 되는 메일은 목록에서 선택한 후 삭제해 보세요.

혼자 해 보기

① 네이버 웨일 브라우저를 실행한 후, 구글 사이트로 이동하여 **구글 계정**을 만들어 보세요.

② **서울특별시** 사이트로 이동한 후 회원가입을 해 보세요.

③ 네이버 메일쓰기를 클릭한 후 **내게쓰기**를 이용해서 본인에게 메일을 써 보세요. 이 기능을 사용하면 보내기란 버튼이 저장 버튼으로 변경되는데 사진, 동영상, 파일 등을 메일함에 저장할 수 있습니다.

④ **내게 쓴 메일함**에서 방금 보낸 메일을 선택한 후 **삭제**를 해보세요. 내게 쓴 메일함에 용량이 차지하므로 필요 없는 메일은 삭제한 후 관리하는 것이 좋습니다.

뉴스와 유튜브 보기

빠르게 변하는 세상에 과거가 좋았다는 사람들도 있고, 새로운 것을 배우면서 시대에 맞춰 살아가는 사람들도 있습니다. 뉴스도 시대의 흐름을 따라가지 못하면 도태되어 사라지며, 신문사도 종이 신문에서 전자 신문으로, 기존 언론사에서 인터넷 언론사로 변화를 시도하고 있습니다. 전자 신문도 이젠 한 시대를 뒤로 하고, 영상매체에 밀려나고 있습니다. 새로운 시대의 뉴노멀(새로운 표준) 미디어를 알아보도록 합니다.

무엇을 배울까?

01. 네이버에서 빠른 뉴스(속보) 보기

02. 새로운 뉴스 찾아보기

03. 유튜브 시청하기

01 네이버 웨일 브라우저를 실행한 후 네이버 사이트에서 **뉴스**를 클릭합니다.

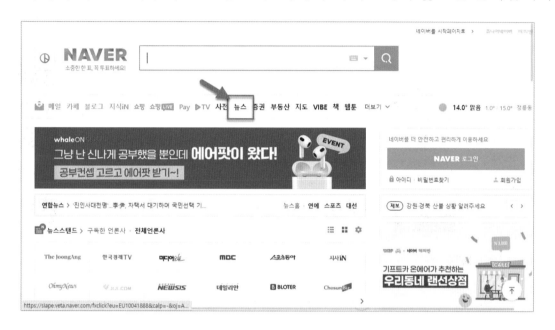

02 화면의 상단에 뉴스를 분류해 놓았는데 보고 싶은 뉴스의 분류를 선택하면
됩니다. 여기서는 **IT/과학**을 선택하도록 합니다.

03 상단을 대분류라고 한다면, 아래의 왼쪽에는 중분류가 나오게 됩니다. **컴퓨터**를 클릭해서 관련 기사를 살펴보도록 하겠습니다.

04 왼쪽 중분류에서 **컴퓨터**를 클릭하면 오른쪽 내용창에는 소분류된 기사 제목들이 나열되어 나타납니다. 시간이 흘러가면 이 내용은 당연하게 오늘 날짜의 기사가 나오게 됩니다. **첫 번째 목록의 기사**를 클릭해서 뉴스를 보도록 합니다.

05 해당하는 기사 내용이 나오게 되면 읽어보면 됩니다. 여기서는 해당 기사에 대한 **댓글**이 어떻게 달려있는지 확인해 보도록 합니다. 댓글에는 욕설과 비방이 심하면 차단될 수도 있습니다.

06 댓글을 달기 위해서는 네이버에 로그인을 한 후 댓글을 달 수 있으며, 잘못된 허위사실 등을 댓글로 쓰면 명예훼손 등 처벌을 받을 수도 있습니다. 상단의 **본문보기**를 클릭하면 뉴스 기사로 되돌아갑니다.

01 손흥민 선수의 기사를 검색하기 위해 네이버 뉴스의 **스포츠**를 클릭합니다.

02 오른쪽 상단의 검색 상자에 **"손흥민"**을 입력한 후 Enter 를 누르면 손흥민의 최신 기사들이 나오게 됩니다.

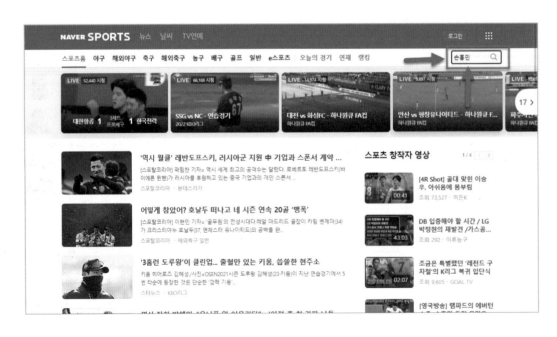

03 아래와 같이 기사 제목들이 검색되어 나오는데, 관련도순으로 나열되어 보입니다. **첫 번째 기사 제목**을 클릭해서 내용을 확인해 보도록 합니다.

04 기사를 읽어보고 댓글을 눌러서 기사에 대한 반응도 살펴볼 수 있습니다. 기사를 모두 읽었으면 웨일 브라우저 상단의 **탭 닫기**를 클릭해서 이전 창으로 되돌아 갑니다.

05 검색된 결과가 관련도순으로 나오지만 내가 원하는 것은 최신 기사를 보고 싶을 경우가 있습니다. **최신순**을 클릭해 보도록 합니다.

06 아래와 같이 최신순으로 기사들이 검색되어 나타나게 됩니다. 원하는 제목을 클릭해서 기사 내용을 읽어보면 되겠습니다. 이번에는 상세하게 검색하기 위해 **옵션**을 클릭합니다.

07 기간은 ❶1개월, 유형은 ❷포토, 기자명은 ❸한준을 입력한 후 ❹적용을 클릭하면 한준이라는 사람이 기사를 올린 것을 찾아 볼 수 있습니다.

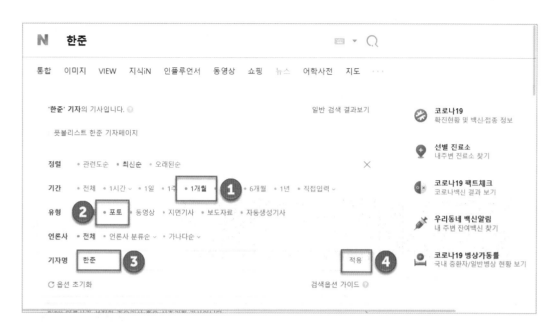

08 **옵션 초기화**를 클릭해서 옵션 검색 조건을 원래대로 되돌려 보도록 합니다. 옵션이 해제되지만 옵션창은 닫기가 안되므로 옵션창도 닫아줍니다.

01 웨일 브라우저를 실행한 후 네이버 사이트에서 **뉴스**를 클릭합니다.

02 오른쪽 상단에 있는 **뉴스스탠드**를 클릭합니다. 이 위치는 네이버의 리뉴얼 작업과정에서 변경될 수도 있습니다.

03 종이 신문 모양으로 신문사가 나오는데 임의적으로 나오기 때문에 어떤 신문사가 나올지는 모르지만 **좌/우 방향**을 나타내는 버튼을 클릭해서 보고 싶은 신문을 선택합니다.

04 원하는 신문을 골랐다면 기사 제목을 보고 클릭을 하면 해당 신문사로 이동해서 보여주게 됩니다. 탭 닫기를 한 후 뉴스스탠드에서 다른 신문사도 선택해서 기사를 보도록 합니다.

05 뉴스스탠드 화면에서 상단에 보면 **지역**이 있습니다. 각 지방에는 신문사들이 있는데 모두 나오므로 여러분의 고향 신문을 선택해서 뉴스를 살펴보도록 합니다.

06 좌/우 이동 버튼을 클릭해서 아래와 같이 **제주도민일보**를 선택해서 뉴스 기사를 선택해서 소식을 알아볼 수 있습니다.

01 엣지 브라우저를 실행한 후 주소표시줄에 **"youtube.com"**을 입력한 후 **Enter** 를 누릅니다.

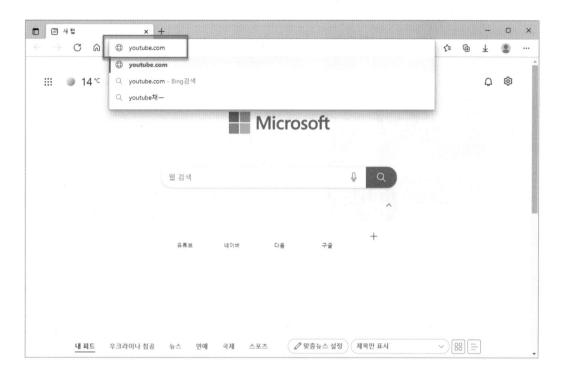

02 검색 상자에 가수 이름을 입력한 후 목록에서 원하는 항목을 선택합니다. 여기에서는 ❶강혜연을 입력한 후 ❷강혜연 내가바보야를 선택했습니다.

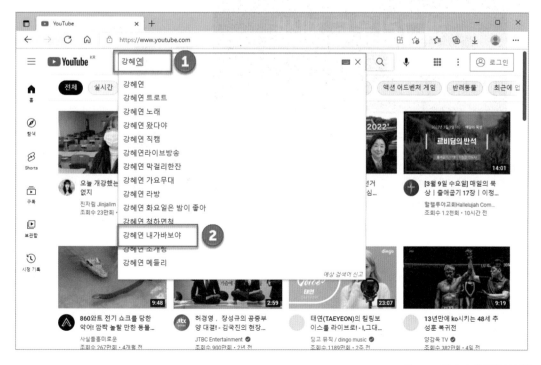

03 검색한 내용에 따라 결색 결과는 다르게 나오므로 검색되어 보여지는 목록에서 **썸네일**을 클릭하거나 제목을 클릭하면 유튜브 영상이 재생이 됩니다.

04 동영상마다 광고가 나오는 것은 아니지만 일반적으로 나오는데 5초가 지나면 영상 하단에 표시되는 **광고 건너뛰기**를 클릭하면 곧 바로 영상을 감상할 수 있습니다.

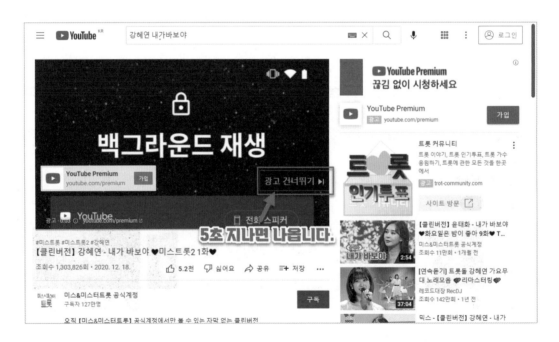

05 영상이 재생되지만 유튜브 프리미엄을 가입해서 즐겨보라는 창이 나올 때가 있는데 이때는 **나중에**를 클릭해서 넘어가면 됩니다. 프리미엄을 이용하게 되면 광고 없이 영상을 감상할 수 있습니다.

06 **화질**이 깨끗하게 나오지 않을 경우 **톱니바퀴(설정)**를 눌러서 영상화질을 변경할 수 있으며, **전체화면**으로 감상할 수도 있습니다. 전체화면에서 이전화면으로 되돌아가려면 Esc 를 누릅니다.

 # 혼자 해 보기

① 네이버 뉴스에서 경제 - 부동산 뉴스 기사를 찾아 보세요.

② 뉴스스탠드에서 오른쪽 상단의 설정을 클릭해서 주요언론사가 나오면 원하
는 신문사만 선택합니다.

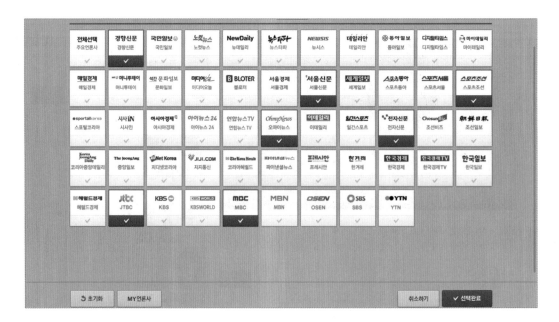

❸ 엣지 브라우저를 실행한 후 유튜브에서 **"나훈아 홍시"**를 검색해서 영상을 감상해 보세요.

❹ 유튜브에서 **"고혈압 낮추는 방법"**을 검색해서 화질을 1080으로, 전체화면으로 감상해 보고, 화질을 720으로, 영화관 모드로도 영상을 감상해 보세요.

우리집 시세 알아보기

대한민국은 과거의 고난과 역경을 이겨내고 G7에 초대될 정도의 경제성장과 민주주의가 꽃피웠고, 개도국에서 선진국으로 진입한 지구상에서 유일한 첫 나라입니다. 전국적으로 멋지게 지은 집들이 많이 있고, 아파트와 빌라 그리고 단독주택들이 있는데 내가 살고 있는 집의 시세가 어느 정도인지 그리고 이사를 할 지역의 시세는 어떻게 되는지 확인해 보도록 합니다.

🔍 무엇을 배울까?

01. 부동산 서비스 이용하기

02. 아파트 시세, 전원 주택, 철도 노선 알아보기

01 웨일 브라우저를 실행 후 네이버 사이트에서 **부동산**을 클릭합니다.

02 네이버 부동산 홈페이지가 열리면 아래와 같이 **아파트·오피스텔**이 선택된 상태에서 서울특별시가 펼쳐지는데, **현재 지역**이 보이게 됩니다. **매매** 버튼을 선택합니다.

03 **시/군/구** 드롭다운 버튼을 클릭하면 행정구역이 나오게 됩니다. 서울특별시이므로 여기서는 **동대문구**를 선택해서 진행하지만, 여러분이 거주하는 지역을 선택하면 됩니다.

04 서울특별시 동대문구의 아파트 · 오피스텔 매매현황이 나오는데 여기서는 **아파트분양권, 재건축은 체크를 해제**하도록 합니다. 현재 화면은 동대문구 용두동을 기준으로 보여지고 있습니다.

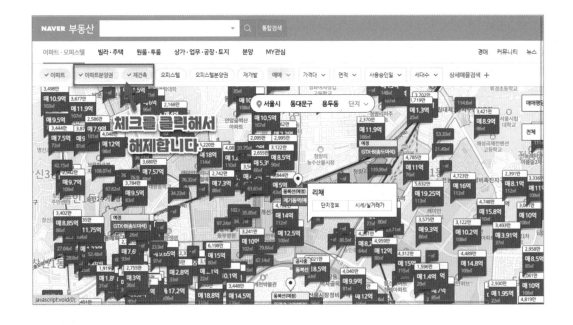

05 지도에서 표시되고 있는 행정구역의 마지막인 ❶용두동을 클릭한 후 원하는
지역을 선택합니다. 여기서는 ❷장안동을 선택하도록 하겠습니다.

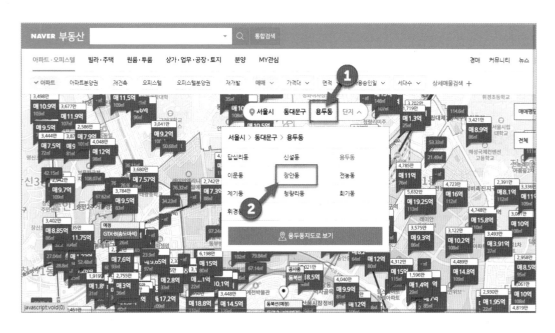

06 동대문구 장안동의 매물이 목록으로 표시가 되는데 매매가 별로 없습니다.
마우스 휠을 아래로 굴려서 매매가 있는 곳을 찾아서 클릭을 합니다.

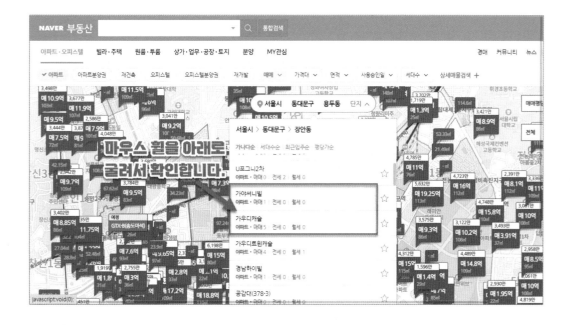

07 선택한 아파트의 정보가 나오는데 단지정보, 시세/실거래가, 동호수/공시가격 등의 정보를 확인할 수 있습니다. **시세/실거래가**를 클릭해서 정보를 확인해 봅니다.

08 아파트 평수가 나오는데 **34Bm²**을 클릭하면 아래와 같이 매매 실거래가를 알아볼 수 있습니다. 평형대를 각각 클릭해 가면서 확인할 수 있으므로 다양한 정보는 직접 확인해 보세요.

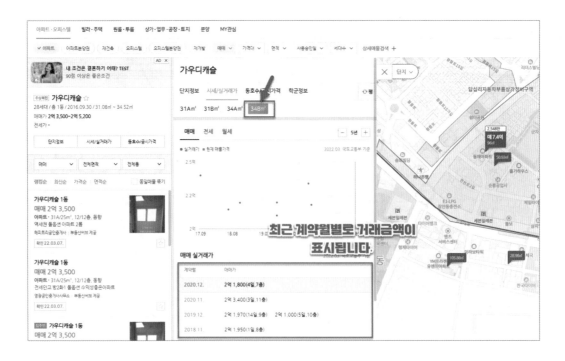

09 아파트 면적의 단위가 m²이라 평형으로 보고 싶을 때는 아래와 같이 단위를 변경할 수 있습니다.

10 오른쪽 지도에 표시된 가격을 클릭해서 단지정보를 확인하거나 시세/실거래 가를 확인할 수 있습니다.

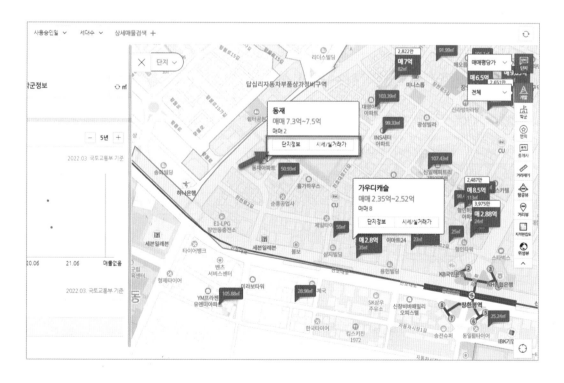

01 네이버 부동산 페이지를 열어준 후 ❶빌라·주택을 선택한 후 지역을 ❷경기
도로 선택합니다.

02 빌라/연립, 단독/다가구, 상가주택, 한옥주택은 클릭으로 체크 해제합니다.
전원주택만 남기고 나머지는 해제하도록 합니다.

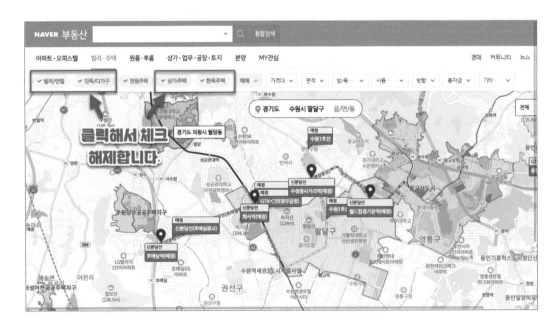

03 경기도청이 있는 수원시 팔달구가 중심으로 나오게 되는데, 지역을 변경하기 위해 ❶**수원시 팔달구**를 클릭한 후 ❷**남양주시**를 선택합니다.

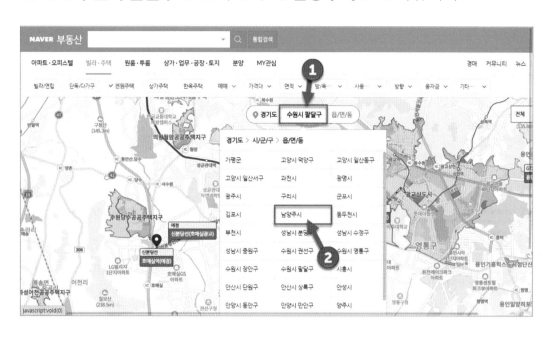

04 남양주시 행정구역에 해당하는 면과 동이 나오게 되면 원하는 동네를 선택하면 됩니다. 여기서는 가평으로 넘어가는 길목에 있는 **화도읍**을 선택해 보겠습니다.

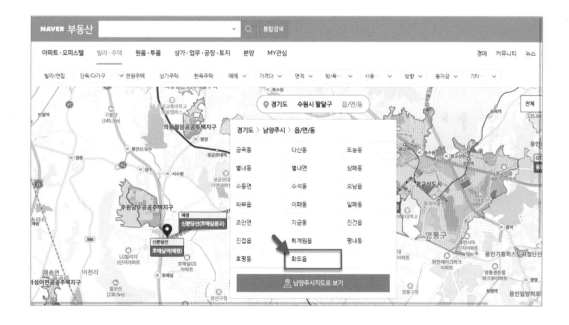

05 오른쪽 지도에 동그라미 안에 숫자가 있는데 매물 건수에 해당하는 것으로, 클릭을 하면 왼쪽창에 매물이 보이며 해당 매물을 클릭하면 상세 정보가 나옵니다.

06 매물정보가 가운데로 나오는데 소재지, 면적, 난방방식 등이 나오며, 마우스 휠을 아래로 굴리면 중개사무소 정보와 중개보수 및 세금정보까지 나옵니다. 매물정보를 모두 보았다면 **닫기**를 클릭합니다.

01 네이버 부동산을 열어준 후 지도에서 **종로구**를 클릭합니다.

02 오른쪽 도구모음에서 **단지**를 클릭하면 지도상에 표시된 단지들이 보이지 않게 됩니다. 지저분한 상황이 깨끗하게 정리가 되는데 상황에 따라 사용하면 됩니다.

03 오른쪽 도구모음에서 **❶개발**을 클릭한 후 바로 왼쪽에 나오는 **전체** 드롭다운을 클릭해서 **❷철도, 지하철**을 선택하면 지도에 철도와 지하철의 노선이 표시가 됩니다.

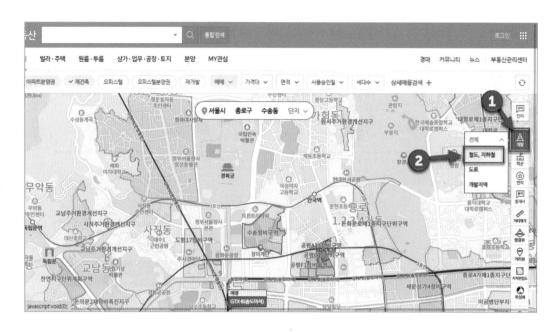

04 지도를 드래그해서 새로운 노선이 들어서는 GTX-B(송도마석)과 GTX-A(운정동탄)등이 보이도록 서울역 방향으로 이동해서 보면 아래와 같이 노선도가 보입니다.

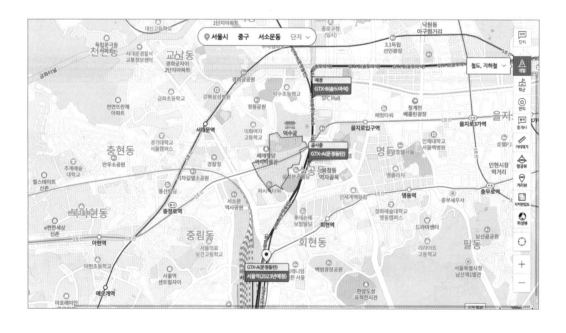

05 네이버 부동산에서 인천시 서구 청라동 아파트 매매 지도를 나타낸 후 화면을 확대하면 단지가 보이게 됩니다. 처음에는 단지가 보이는데 혹시 안보이면 지도를 확대해 보세요.

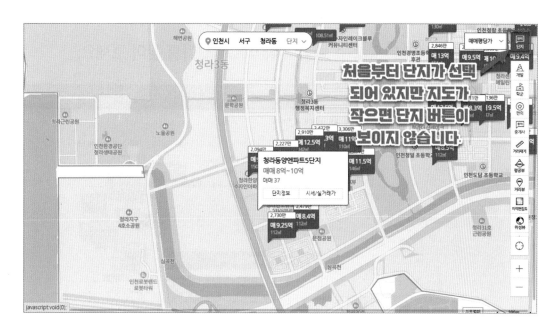

06 단지 버튼을 클릭하면 바로 왼쪽으로 **매매평단가**가 보이게 되는데, **드롭다운** 버튼을 클릭해서 **사용승인일**로 변경하면 단지정보 위의 단지정보에 금액과 사용승인일이 보이게 됩니다.

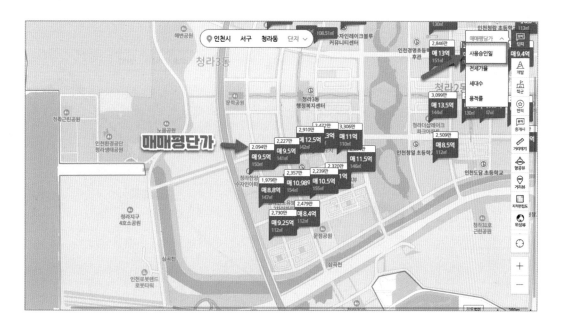

혼자 해 보기

① 네이버 부동산에서 도봉구 창동의 아파트 전세가를 찾아 보세요.

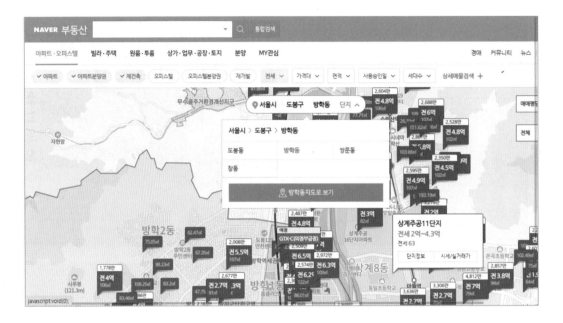

② 경기도 여주시 신북면에 전원주택의 시세가 얼마인지, 나온 매물은 있는지 검색해 보세요.

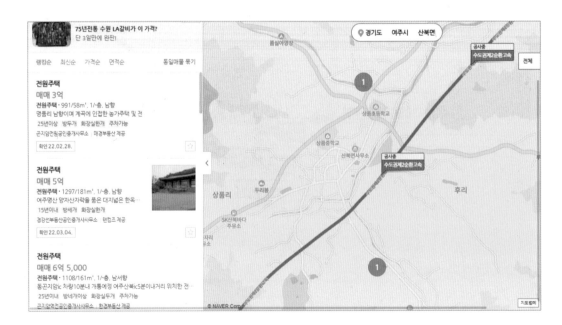

❸ **경기도 안양시 만안구** 지역으로 이동해서 철도, 지하철의 어떤 지역에 놓이
는지 검색해 보세요. 지도를 확대하면 노선이 어디에 놓이는지 보이지 않지
만 축소를 하면 전체적인 노선이 보입니다.

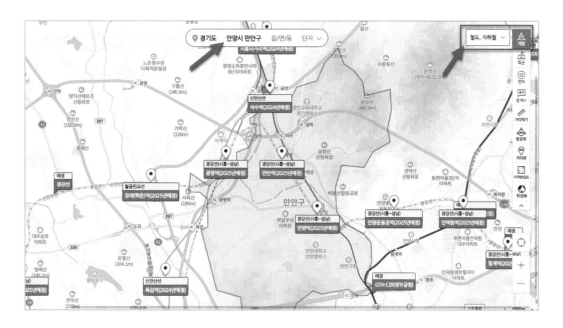

❹ **서울시 노원구 상계동**의 아파트 시세를 볼 때 **단지정보**에 **세대수**로 보이도
록 해 보세요. 여러분이 살고 있는 지역의 아파트 단지정보를 검색해 보도록
합니다.

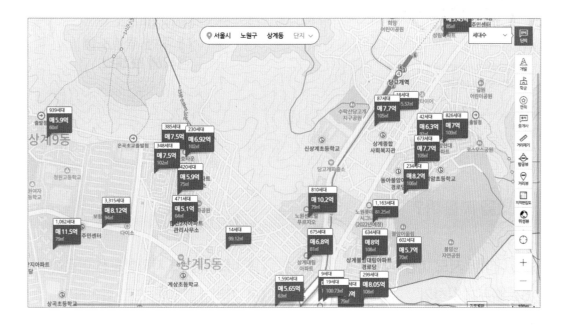

Chapter 09

네이버 지도 보기

초등학교 때부터 사회과부도라는 것이 있어서 지도공부를 했던 기억이 있습니다. 중학교에 들어가면 지리 과목이 있었는데 왜 이렇게 지도에 대한 교육을 했었는지 지금에서야 알게 됩니다. 사람이 세상을 살아갈 때 한 곳에서만 계속 머물 수 없고 계속 이동을 하면서 생활을 합니다. 하루에 한 번씩이라도 스마트폰을 통해서 지도를 사용하고 있는 현대인에 맞춰 우리도 네이버 지도를 사용하는 방법을 알아보 겠습니다.

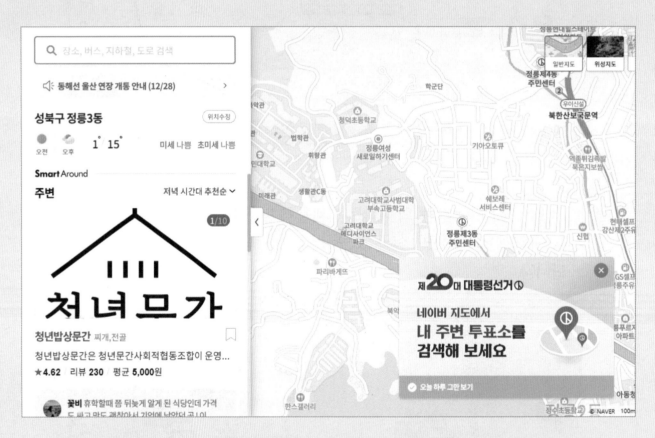

🔍 무엇을 배울까?

01. 네이버 지도 이용하기

02. 빠르게 길찾기

03. 버스노선과 지하철노선 이용하기

04. 거리뷰로 실제 도로 확인하기

09-1 ··· 지도로 검색하기

01 웨일 브라우저를 실행한 후 네이버에서 **지도**를 선택하면 인터넷이 연결되는 지역이 나타납니다.

02 왼쪽 상단의 검색 상자에 **"방학동"**을 입력한 후 [Enter]를 누릅니다. 행정구역상 방학1동, 방학2동, 방학3동이 있는데 모두를 포함해서 빨갛게 지역이 표시됩니다.

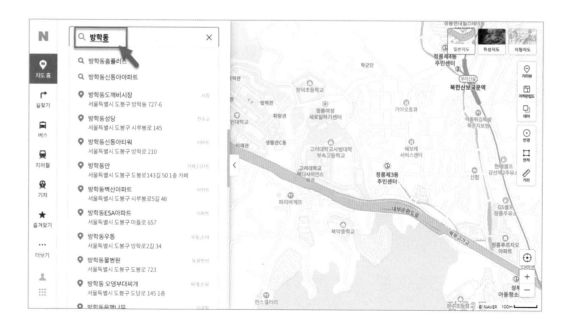

03 오른쪽에 검색한 행정구역이 표시되는 것을 확인하세요. 왼쪽 상단의 검색 상자에 **"방학1동"**을 입력한 후 Enter 를 누르면 방학1동 주민센터가 중심으로 나오게 됩니다.

04 아래와 같이 행정구역이 빨간색으로 지역 경계가 표시되며, 해당하는 주민센터가 지도 중심에 오게 됩니다.

05 왼쪽 검색 상자에 **"도담삼봉"**을 입력한 후 Enter 를 누르면 아래처럼 단양 매포읍의 도담삼봉 위치가 표시됩니다.

06 지도위에 마우스를 올려놓은 후 마우스 휠을 위로 굴리면 현재 지도가 확대되어 상세하게 표시가 됩니다. **현위치** 버튼을 클릭하면 내가 있는 위치로 지도가 표시됩니다.

07 검색상자에 **"신도림역"**을 검색한 후 근처에 약국을 찾아보기 위해 ❶ ···(더보기)를 눌러서 ❷**약국**을 클릭합니다.

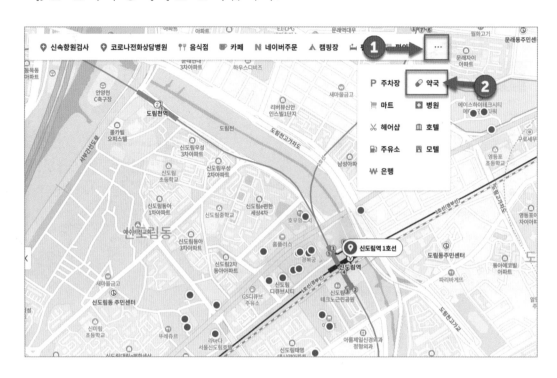

08 **흥부약국**을 클릭하면 파란색으로 변경되면서 왼쪽 창에 흥부약국 사진과 방문자리뷰와 블로그리뷰가 표시되며, 해당 약국의 전화번호가 나오게 됩니다. 약국정보를 **닫기**를 눌러서 닫아줍니다.

01 네이버 지도에서 왼쪽의 ❶길찾기를 클릭한 후 ❷출발지와 ❸도착지에 지명 또는 주소를 입력합니다.

02 출발지에는 "정릉4동"을 입력하면 나타나는 목록에서 **정릉4동공동주차장**를 선택합니다.

03 도착지 칸에 클릭한 후 **"서대문"**을 입력한 후 **서대문구청**을 선택합니다. 이렇게 장소를 모두 입력할 필요 없이 앞의 몇 글자를 입력하면 자동으로 목록이 생성됩니다.

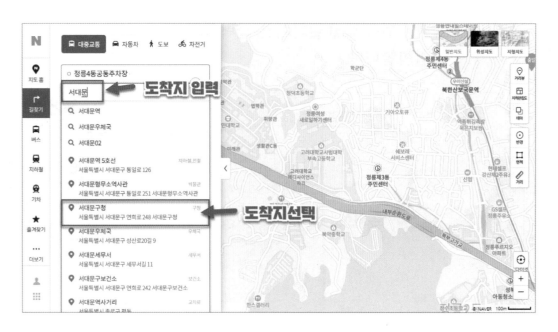

04 출발지에서 도착지까지 갈 수 있는 방법으로 대중교통, 자동차, 도보, 자전거이 나오는데 대중교통에서 첫 번째 나오는 것이 최적 경로순입니다. 첫 번째 경로에서 **상세보기**를 클릭합니다.

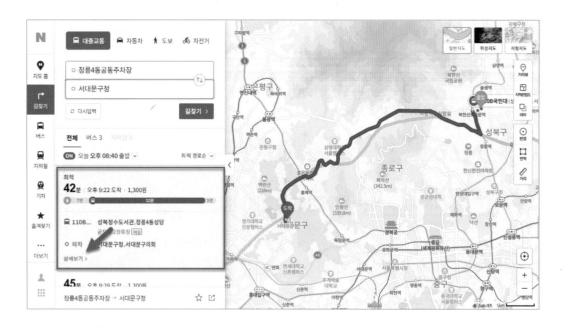

05 소요시간과 현재 정류장에 몇 분후에 도착하는지 표시가 됩니다. **새로고침**을 클릭하면 새로운 정보로 갱신이 되며, 확인을 다했으면 **닫기**를 누릅니다.

06 출발지와 도착지를 서로 바꾸어서 대중교통 정보를 확인해 보고 싶을 때가 있는데 아래의 그림처럼 **전환 버튼**을 누르면 새로 입력하지 않고 서로 전환 할 수 있습니다.

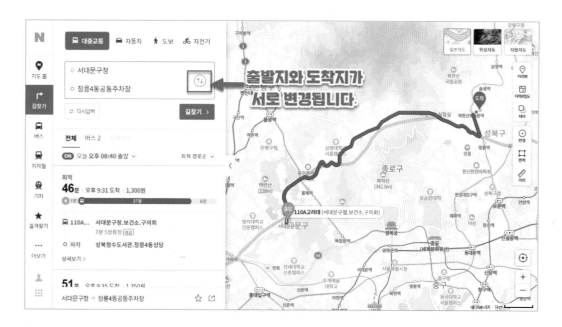

01 네이버 지도 왼쪽 지도 서비스에서 ❶버스를 클릭한 후 검색 상자에 ❷270 번을 입력한 후 Enter 를 누릅니다.

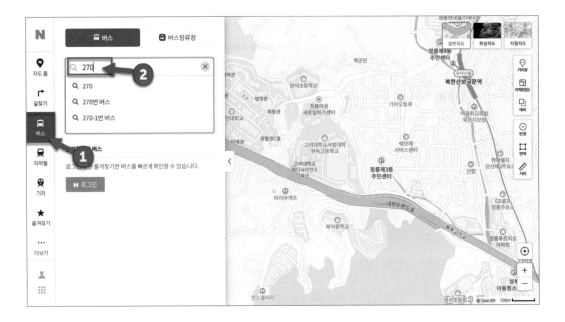

02 서울에서 운행하는 270번도 나오지만 당진에서 운행중인 270번 노선도 나오 게 됩니다. 여기서는 **서울노선 270번**을 클릭합니다.

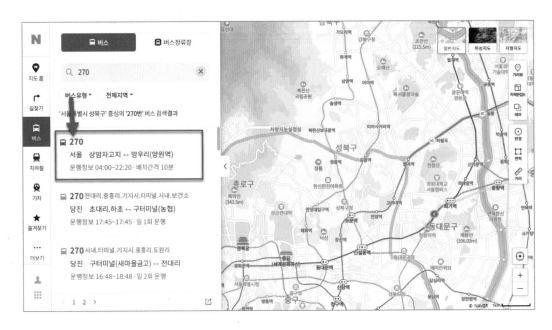

03 왼쪽 창에는 정류장이름과 정류장번호가 표시되며, 현재 버스의 차량번호까지 표시가 됩니다. **수색교**를 클릭하면 정류장에 정차하는 버스노선들이 나오게 됩니다.

04 버스 노선별 도착시간이 표시가 되는데 이 정보는 버스정류장에서도 동일하게 나타납니다. 버스정보창의 **닫기**를 클릭합니다.

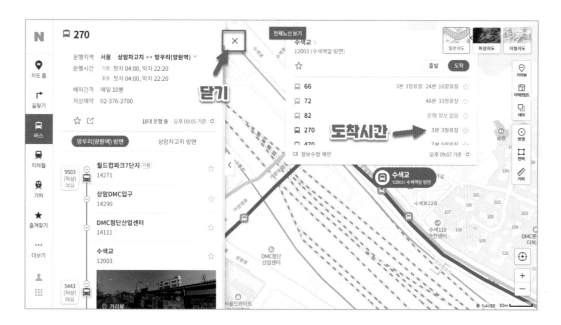

05 좌측 상단에 있는 버스와 버스정류장을 선택할 수 있는데, **버스정류장**을 클릭해서 도착하는 버스를 살펴보겠습니다. 미리 버스정류장 번호를 알고 있어야 사용할 수 있는 기능입니다.

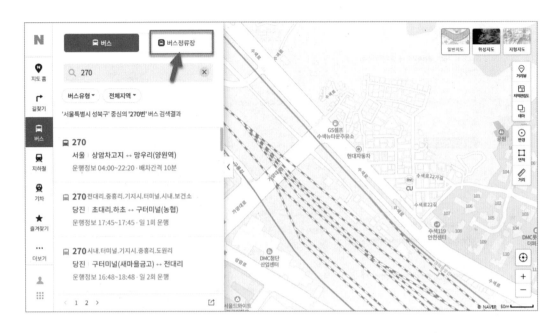

06 검색상자에 "01016"을 입력하고 Enter 를 누르면 아래에 목록이 나오게 됩니다. **종로3가,탑골공원**을 클릭합니다.

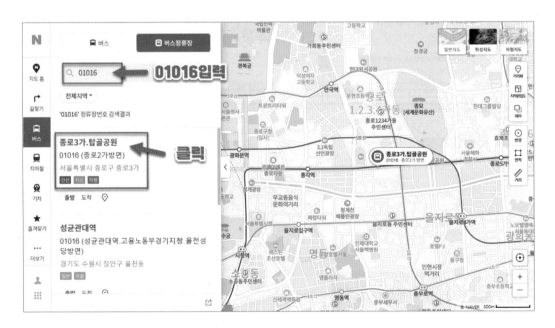

07 아래와 같이 종로3가,탑골공원 정류장에 도착하는 버스들이 표시가 되는데 방향은 종로2가 방면이라고 되어있습니다. **150번**을 클릭해 보도록 합니다.

08 종점이 시흥대교 방면으로 검색이 되는데, **도봉산역 방면**으로 클릭하면 출발 지가 변경되는 것을 확인할 수 있습니다.

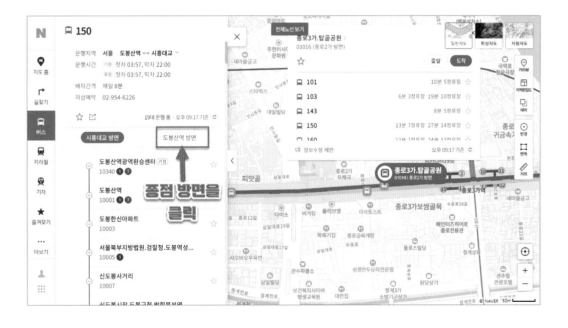

01 네이버 지도에서 서비스하는 **지하철**을 클릭한 후 노선도에서 7호선 **보라매**
를 클릭합니다.

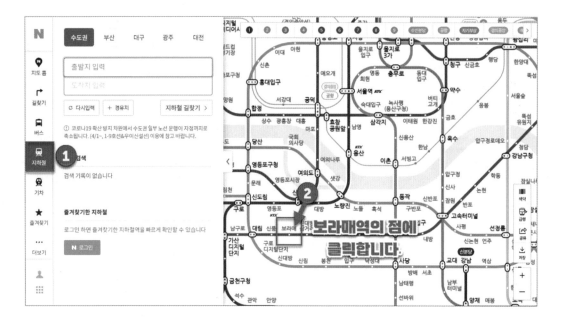

02 도착지는 **응봉역**에 있는 점을 클릭하면 도착이라고 위치표시가 빨간색으로
나타납니다.

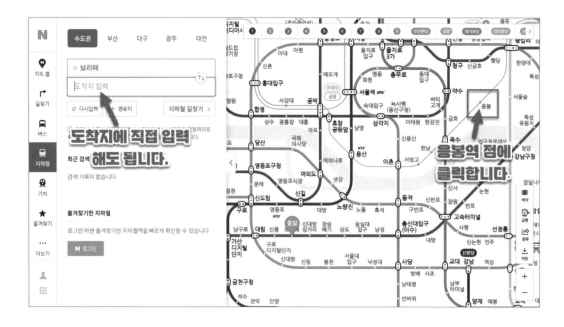

03 왼쪽 창에는 환승할 역과 소요시간 등이 표시가 되는데 **이전열차**와 **다음열차**를 클릭하면 도착시간을 확인할 수 있습니다. 환승역인 **강남구청**을 클릭합니다.

04 강남구청의 상세정보가 나오는데 첫차·막차를 클릭해서 시간을 알아볼 수 있으며, 시설정보에는 플랫폼이 양쪽인지 확인 가능하며, 화장실이 개찰구 안에 있는지도 확인할 수 있습니다.

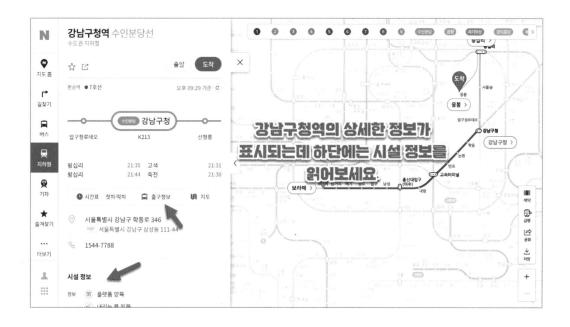

05 지하철을 다시 클릭해서 출발지는 **병점**역을, 도착지는 **종로3가**역을 검색합니다.

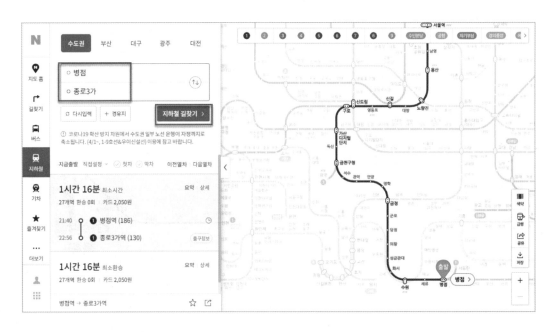

06 출발역이 오른쪽에 병점으로 보이는데 출발이라고 표시된 초록색 위치에 마우스를 올려놓으면 출발지를 X를 눌러서 삭제하거나 드래그를 해서 출발지를 변경할 수 있습니다.

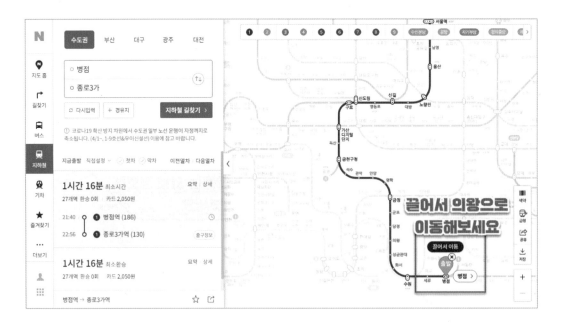

09-5 ··· 거리뷰 이용하기

01 네이버 지도에서 **광화문삼거리**를 입력한 후 아래에 나오는 목록을 클릭합니다.

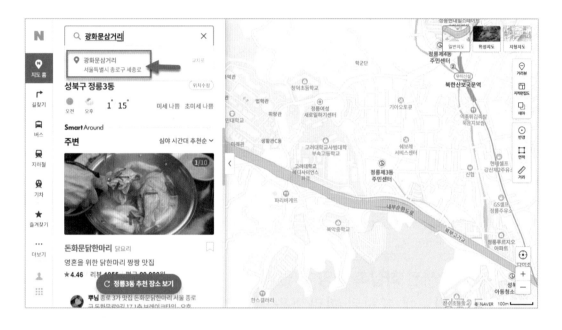

02 오른쪽 지도위에 표시된 **거리뷰**를 클릭하면 도로에 파란 길들이 표시가 됩니다. **거리뷰**는 차량이 지날 수 있는 거리는 모두 사진으로 촬영하여 서비스를 제공하고 있습니다.

03 도로위에 파란색으로 표시가 된 곳에 클릭을 하면 실제 도로위를 촬영한 사진이 나타납니다.

04 도로위에 표시된 **화살촉 모양**을 클릭하면 앞으로/뒤로 이동을 하게 되며, 왼쪽 하단의 지도에 표시된 파란색을 클릭하거나 **위치 아이콘**을 드래그해서 빠르게 이동할 수 있습니다.

혼자 해 보기

1️⃣ 네이버 지도에서 "낙성대역"을 검색해서 근처에 편의점을 표시해 보세요.

2️⃣ 출발지는 광운대학교정문으로, 도착지는 마로니에공원으로 길찾기를 해보세요.

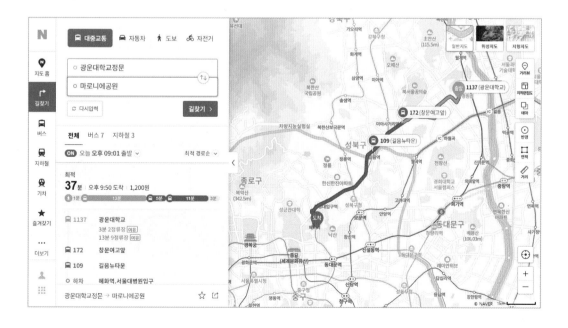

❸ 영등포시장역에 마우스를 올려 놓은 후 나타나는 풍선말 영등포시장을 클릭해서 상세정보를 확인해 보세요.

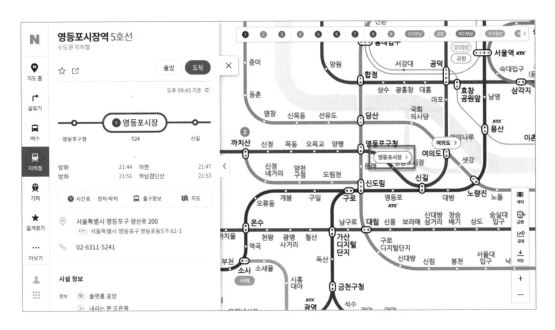

❹ 네이버 지도 홈을 클릭한 후 지하철 노선도에 급행노선만 표시한 후 오류동 상세정보에서 시간표를 클릭한 후 평일, 급행 시간표를 확인해 보세요.

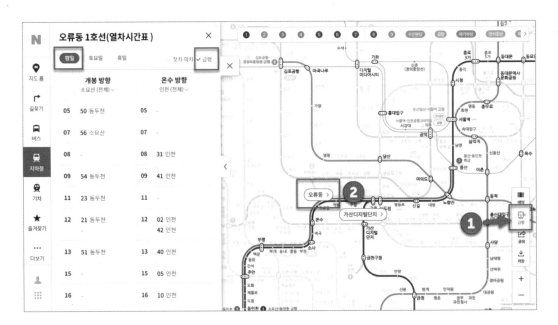

Chapter 10

네이버 사전과 파파고

옛날 중고등학교를 다닐 때 두꺼운 영어사전을 가방에 넣고 다닐 때가 있었는데, 무겁기도 하고 영어 단어를 외운다고 종이를 뜯어먹기도 하곤 했던 추억이 있는데 요즈음 학생들은 사전을 들고 다니는 경우가 드물고 스마트폰과 인터넷 사전을 이용하여 공부하며, 외국인이 다가와도 인공지능으로 번역되는 새로운 세상이 다가왔습니다. 우리도 네이버 사전과 파파고로 두려움을 떨쳐 버릴 수 있습니다.

 무엇을 배울까?

01. 네이버 사전을 이용해 영어 단어와 한자 검색하기

02. 파파고를 통해 외국어 번역하기

01 웨일 브라우저를 실행한 후 네이버 **사전**을 선택합니다.

02 사전 종류가 다양하게 나오는데 ❶영어를 클릭한 후, ❷employ를 입력한 후
　　　 Enter 를 누르면 '고용하다, 쓰다, 사람을 두다'라는 뜻이 나오게 됩니다.

03 아래와 같이 사전의 뜻이 나오는데 단어 · 숙어가 먼저 표시됩니다. 미국 · 영국 옆에 있는 **스피커** 버튼을 클릭하면 미국인의 발음을 들을 수 있습니다.

04 **뜻풀이**를 클릭하거나 마우스 휠을 아래로 굴리면 뜻풀이 화면이 나오게 되는데 어떤 의미에서 사용하는 단어인지 설명이 표시됩니다.

05 사전 종류를 **한자**를 선택한 후, 검색 상자에 **"대기만성"**을 입력한 후 Enter 를 누르면 단어 · 성어에 한자표시와 학습정보에서 유래까지 나오게 됩니다.

06 검색 결과 화면에서 **한자사전**을 클릭하면 한자사전 페이지로 이동하게 됩니다.

07 검색 상자 옆에 있는 **연필로 그리는 버튼**을 클릭하면 모르는 한자를 마우스로 그려서 한자를 검색할 수 있습니다.

08 한자 필기인식기에 마우스로 드래그해서 아래처럼 그려주면 해당하는 비슷한 글자를 찾아서 오른쪽에 목록으로 보여주게 됩니다. 모르는 한자는 이렇게 그려서 입력하도록 합니다.

10-2 ··· 파파고로 번역하기

01 네이버 사전을 클릭한 후 상단에 **파파고** 버튼을 선택합니다.

02 왼쪽 창의 ❶언어감지는 입력한 언어를 자동으로 감지하게 됩니다. 여기서는 클릭해서 ❷스페인어로 변경을 하도록 하겠습니다.

03 왼쪽에 한국어가 오도록 **치환 버튼**을 클릭을 하면, 오른쪽에 있던 한국어가 왼쪽으로, 오른쪽에는 스페인어가 위치하게 됩니다.

04 **"성지순례길은 어디로 가야합니까?"**를 입력하면 자동으로 스페인어로 번역되어 오른쪽에 나타납니다. 한국어로 입력한 내용을 지우려면 **X 버튼**을 클릭합니다.

05 오른쪽 번역창에 스페인어를 클릭해서 **중국어(간체)**로 변경한 후 왼쪽 한국어창에 "여기서 가까운 기차역이 어디입니까?"를 입력해서 번역해 봅니다.

06 번역된 중국어창 아래에 **스피커**를 클릭하면 중국어로 발음듣기를 할 수 있습니다.

07 아래의 **병음** 버튼을 클릭하면 중국어를 영어로 읽을 수 있도록 글자가 병행되어 표시가 됩니다. 다시 클릭해서 병음이 보이지 않도록 합니다.

08 번역된 중국어창의 하단에 위치한 **복사하기** 버튼을 클릭하면 클립보드에 저장이 되어서 키보드로 입력할 수 없는 중국어를 검색할 수 있게 됩니다.

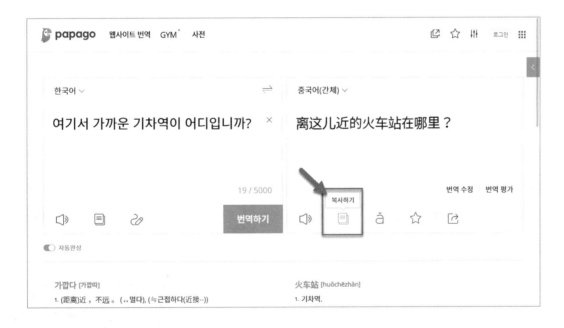

09 웨일 브라우저의 네이버 **홈 버튼**을 클릭해서 네이버 첫 화면으로 이동합니다.

10 네이버 홈의 검색 상자에 ❶**마우스 오른쪽 버튼**을 클릭한 후 나오는 정황메뉴에서 ❷**붙여넣기**를 클릭하면 복사했던 중국어가 입력됩니다. 하지만 여기서는 검색해도 내용은 나오지 않고, 구글 사이트에서 검색하면 해당하는 내용이 검색됩니다.

혼자 해 보기

1 네이버 영어사전에서 "deliberate"를 검색해서 한국어로 무슨 뜻인지 검색해 보세요.

2 한자사전에서 "결초보은"이라는 사자성어를 검색하고, 한자를 복사해서 검색해 보세요.

❸ 네이버 사전에서 파파고를 선택한 후 아래처럼 한국어로 "박항서 감독은 베트남 축구의 영웅인가요?"를 입력한 후 일본어로 번역해서 한자를 히라가나로 표현하고 스피커로 들어보세요.

❹ 파파고에서 상단의 웹사이트 번역을 클릭한 후 아마존을 클릭해서 아마존 쇼핑몰을 한글로 번역해서 쇼핑을 해보세요.